太極泰斗 吳圖南 講授　馬有清 編著

太極拳之研究

吳圖南太極功

商務印書館

太極拳之研究——吳圖南太極功

講　　授：吳圖南
編　　著：馬有清
資料整理：那金萍　馬名駿
插圖攝影：馬名強　馬名龍
責任編輯：李德儀　葛宏岩
封面設計：張　毅
出　　版：商務印書館（香港）有限公司
香港筲箕灣耀興道3號東滙廣場8樓
http://www.commercialpress.com.hk
發　　行：香港聯合書刊物流有限公司
香港新界大埔汀麗路36號中華商務印刷大廈3字樓
印　　刷：美雅印刷製本有限公司
九龍官塘榮業街6號海濱工業大廈4樓A
版　　次：2017年2月第4次印刷

ISBN 978 962 07 3163 1
Printed in Hong Kong

目　錄

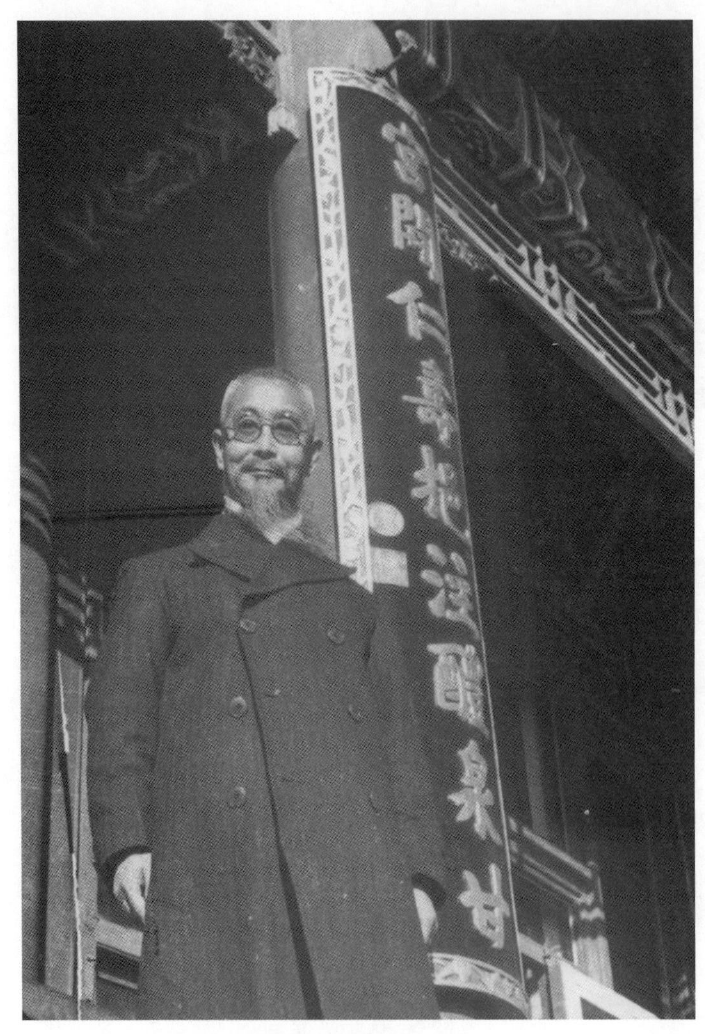

吴圖南遊頤和園留影

序

予幼而多病，先大父子明公嘗以不能長成為憂。今予已虛度98歲矣！（農曆1885年正月廿三日生）。足以慰先大父於地下！然予身體健壯悉如青年，其故何哉？由於研習太極拳使然也。

前曾著有《科學化的國術太極拳》、《內家拳太極功玄玄刀》、《太極劍》、《弓矢概論》、《國術概論》、《重訂日用百科全書》等著作，均由上海商務印書館出版，風行海內，備受歡迎。

近接國內外太極拳愛好者函請再有所著述，以先睹為快，予因工作太忙，且太極拳為予業餘愛好，並非以此為職業，故不暇及此。

故商之予之門生馬君有清，將予數十年來之有關養生長壽與太極拳之報告，以及日常講授之資料，融會貫通，陸續整理，分期出版，以滿足太極拳愛好者之希望，亦一快事也。

馬君有清天資英挺，才氣過人，從予研習太極拳近三十年，造詣頗深，予教以編著之法：「簡而明，信而通，引物連類，折之以至理。」方能實事求是。有清頗以為然。以後出版，將以吳述馬編之方式行之，以少費予之精力也。是為序。

1983年歲次癸亥正月二十三日
吳圖南序於北京萬安別墅

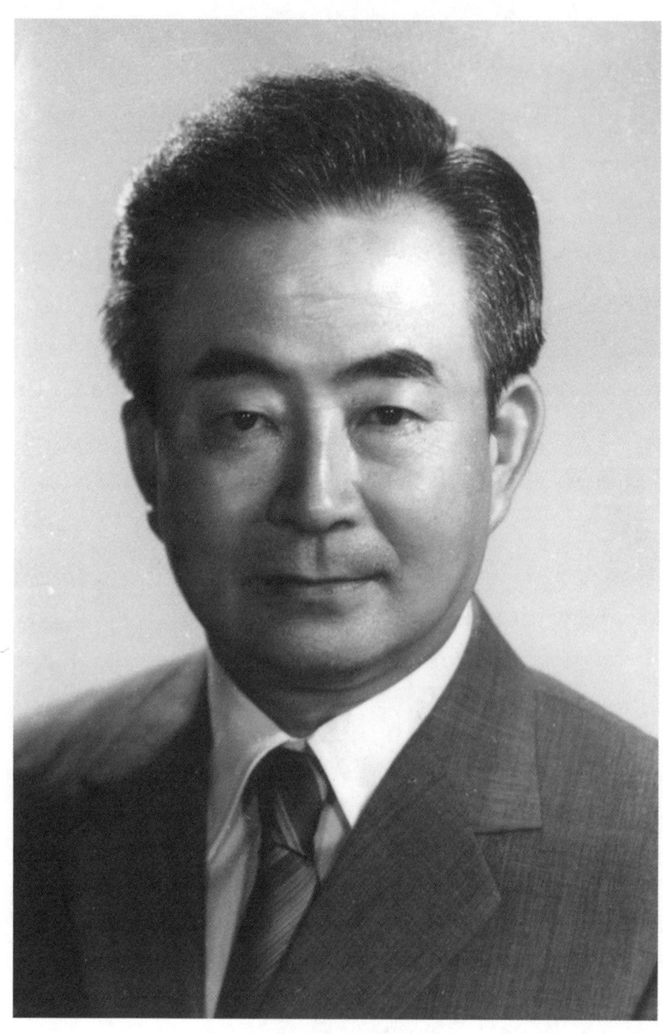

編著者馬有清

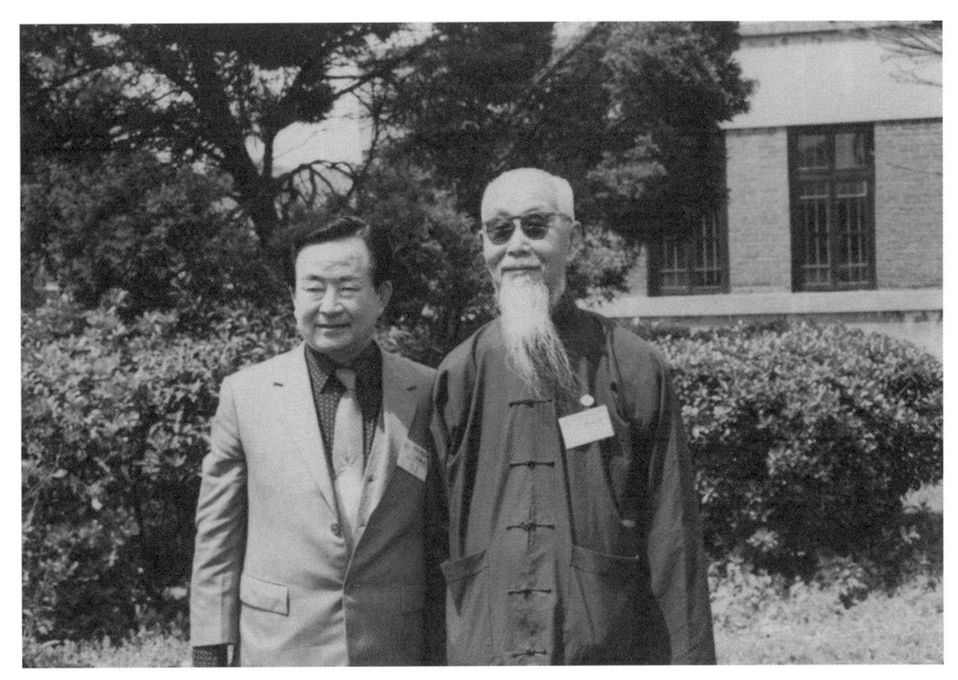

吳圖南與馬有清合影

自　序

太極泰斗吳圖南先生講授、由余編著的《太極拳之研究》，自商務印書館(香港)有限公司出版發行以來，暢銷海內外。吳圖南先生一生著述很多，不少書籍至今仍在各地銷售，是研習武術太極拳的重要讀物。究其原因是：吳圖南先生既有正宗的傳統功法，又有淵博的古今學識；他身懷精湛的武術絕技，自己又達到了長壽目的。他的造詣，是常人所不能及的，不愧是太極拳的泰斗、武林傑出的壽星。他的學説和絕技對太極拳的宏揚和發展，已經產生深遠的影響。他的著述，不僅是中華民族的財富，同時也是全世界、全人類的共同財富。

余在《太極拳之研究‧源流篇》裡，記述了吳圖南先生於光緒三十四年(1908)，發現和珍藏古譜《太極功》，即《宋氏家傳太極功源流支派論》的經過。這本譜是明初(1368)宋遠橋所緒記，由宋氏後人於清初(1644)所錄的手抄本。此事為當時京師體育研究社的許禹生所知，吳圖南先生遂抄寫了六本，分贈許禹生、吳鑑泉、楊少侯、劉恩綬、劉彩臣、紀子修諸名家每人一本。自此《太極功》即《宋譜》始宣露於世。1916年袁世凱稱帝時，有手下幕僚宋書銘者，精研易理，擅太極拳。自言是明初時宋遠橋十七世孫，其所練之太極拳名「三世七」，以共有三十七勢而命名。其時許禹生、吳鑑泉、紀子修、劉恩綬、劉彩臣等諸名師，正倡導太極拳於京師，功技皆冠於時。聞宋氏名，相與訪謁。與宋推手，皆隨其所指而跌，奔騰其腕下，莫能自持。宋氏一舉手，則擲於尋丈之外。於是，紀、吳、許、劉等諸師，皆叩首稱弟子，從學於宋。時吳圖南先生曾攜自己之《太極功》譜訪宋氏並請益。宋出示家傳譜亦名《太極功》，全名為《宋遠橋太極功源流支派論》，與吳圖南先生所藏之譜，僅於標題處不同，其餘正文完全一致，證明古譜《太極功》確係明時宋遠橋所記載。

文革前余在吳圖南先生家曾看過古譜《太極功》，由於年代久遠，該譜的每篇文字都剝落成堆，幸每頁中間有襯紙相隔，否則全部散亂矣。文革後吳圖南先生尋名技師精心修裱，幸有民國初年傳抄本相對照，得以修復原貌。今吳圖南先生已仙逝，臨終前將古譜《太極功》傳與余珍藏。當前對於太極拳的源流問題，仍存在不同說法。為正本清源，今將古譜《太極功》清初手抄本，影像刊出，供太極拳同道研習參考之用。這也是吳圖南先生生前之夙願也。

在《太極拳之研究・自敘篇》裡，吳圖南先生講述了他學練太極拳和太極功的經過。他說：「練功苦難挨，曾經想自殺。」吳圖南先生的功法，多得自楊少侯先師，少侯先師七歲從祖父楊露蟬、伯父楊班侯、父親楊健侯學練太極拳，功屬上乘。文獻記載中講到楊班侯、楊健侯自幼追隨父親楊露蟬學習太極拳，其父嚴厲，終日督促，不間寒暑，孜孜苦練，不使少怠。二人且受鞭撻，以致身心疲敝，不得勝任，幾至逃亡及吊頸自殺。幸被發覺，未果，卒成大名。吳圖南先生說：「幾代人所練的，不完全是柔柔韌韌的太極拳套路，而是苦不能受的太極功。可惜的是知之者稀而已。」

中國傳統的各家拳術，大多都有「功法」的訓練，並以基本功做為築基和致用的根本大法。故傳統拳術，以套路為「衣」，以功為「法根」。太極拳亦有功法，簡要言之，太極功有勢功、樁功、勁功、鬆功、氣功等多種功法。這些功法不見於經典文字之中，蓋為口傳心授之學，必須由老師親傳給入室弟子。太極功因為知之者稀，又苦不能受，瀕於失傳。吳圖南先生蒙楊少侯先師垂愛，授予楊家之絕學。余又有幸得吳圖南恩師之真傳，實為余終生之幸也。

談到太極功，吳圖南先生在其所著的《內家拳太極功玄玄刀・總論》中寫道：「夫內家拳者，固有多種焉，而今尚存於世者，惟有太極功耳。夫太極功者，養生之唯一良法也，以意氣為主，以骨肉為賓，身心兼顧，無過不及……有神有形，形在外而神蓄其中，故其舉止靈敏，動作迅速，進退顧盼，無往不利者，其神全也。」談到太極功的重要性，他說：「識得內功（太極功）休再問，貫徹拳經千萬篇。」學者應慎思斯言。

余不敢自秘，今將《太極功》及太極功法一併公諸於世，期望廣大同道，能因是而有所提高，使太極拳之真諦，不致失滅，是余之至願也！

馬有清

2003年11月10日於香港

吳圖南太極功論

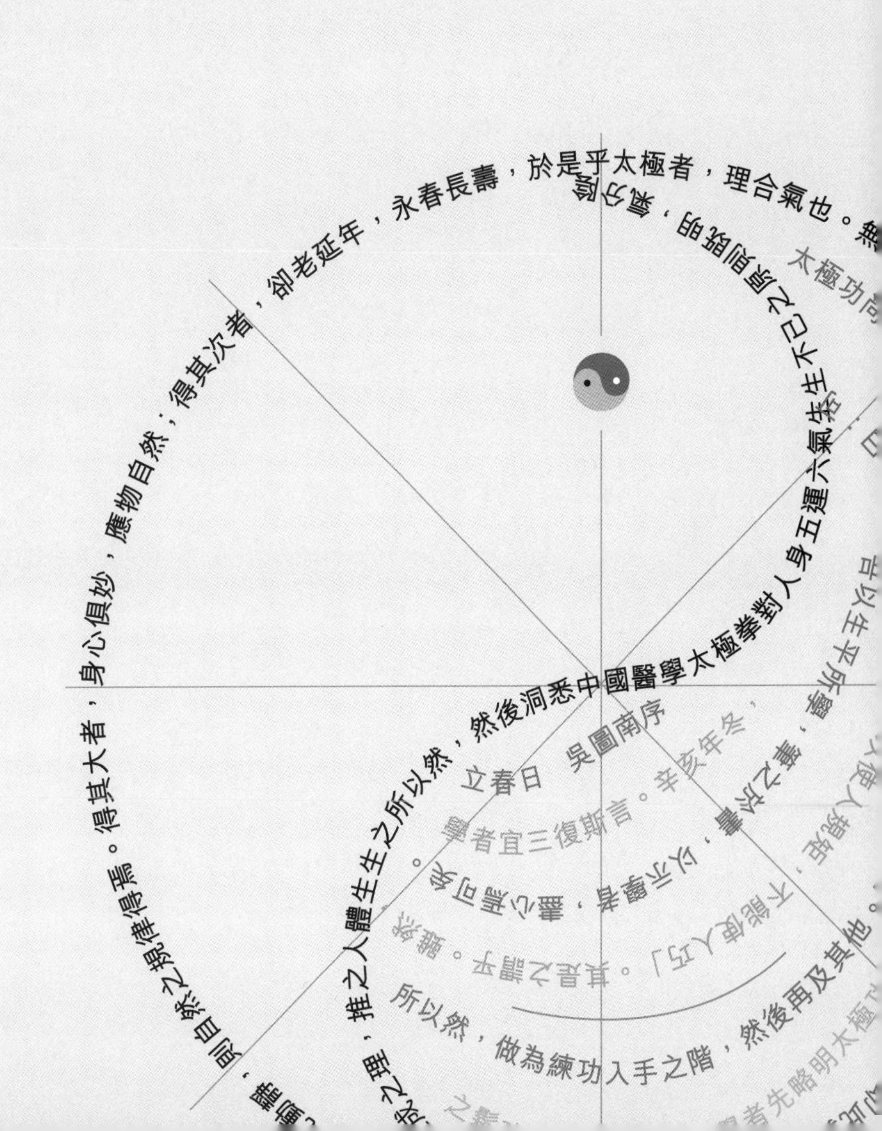

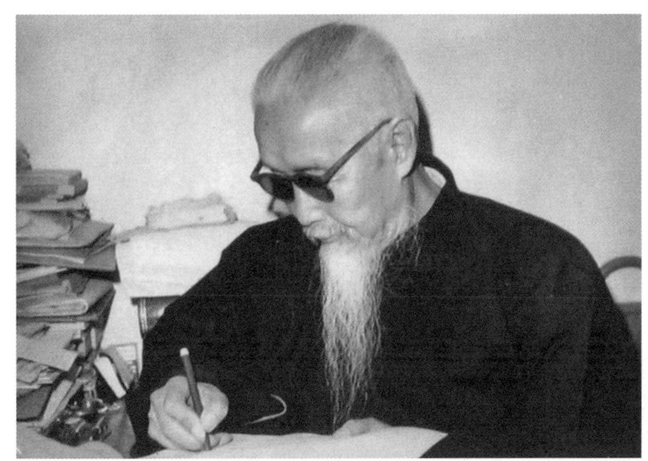

吳圖南在寫作

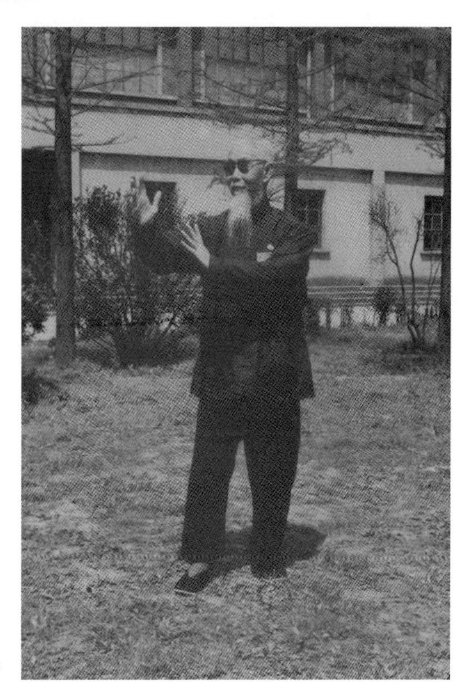

吳圖南練太極拳之抱七星

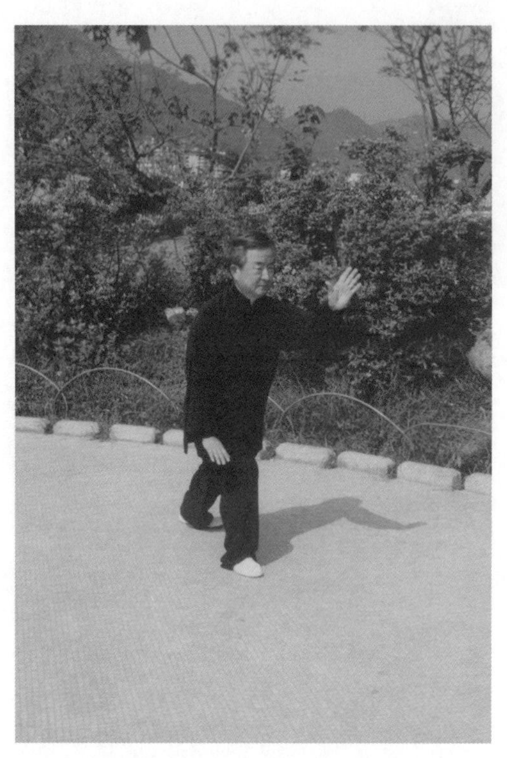

馬有清練太極拳行功之摟膝拗步

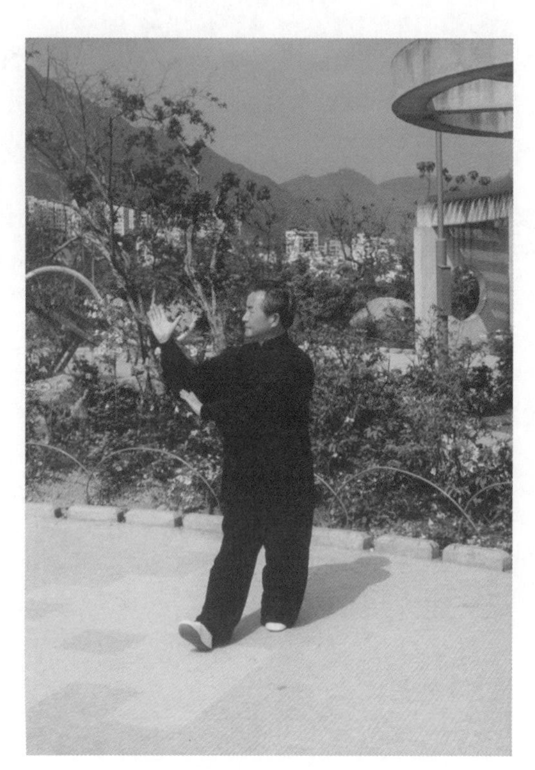

馬有清練太極拳行功之玉女穿梭

太極功小序

太極者，理合氣也。無此理，則氣無以存，無此氣，則此理無以明，是以在無極之中而有昭然不昧之本體存焉，太極之謂也。然依此天地自然生成之理，推之人體生生之所以然，然後洞悉中國醫學太極拳對人身五運六氣生生不已之原則既明，氣分陰陽，機先動靜，則自然之規律得焉。得其大者，身心俱妙，應物自然；得其次者，卻老延年，永春長壽，於是乎太極功尚焉。語曰：「識得內功（即太極功）休再問，貫徹拳經千萬篇」，即此義也。茲將太極功之鬆功，略述如下，使學者先略明太極功鬆沉之理，以及其所以然，做為練功入手之階，然後再及其他。要之，亦在學者之能否體會而已。語曰：「可以使人規矩，不能使人巧」。其是之謂乎。雖然，吾以生平所學，筆之於書，以示學者，盡心焉可矣。學者宜三復斯言。

辛亥年冬，立春日

吳圖南序

太極功鬆功論

摘要　吳圖南先師於 1911 年前後，曾寫成《鬆功論》初稿，可惜這份初稿被人竊去，不知下落。其後吳先師又重寫《鬆功論》一文。該文之首有太極功小序一篇，其後有《鬆功論》全文。該篇《鬆功論》共分四節（十八章），即：上肢鬆功（六章）、軀幹鬆功（四章）、下肢鬆功（四章）、全體鬆功（四章）。吳先師傳授余鬆功功法時，將全部鬆功功法進行精簡合併，由博返約。詳細內容即後文余記述撰寫的鬆功功法篇。故將先師所寫《鬆功論》中之四節（十八章）原文略去，不再重述。吳先師之《鬆功論》之最後有「跋」一篇，一併附錄，以饗讀者。

太極拳其根在腳，發於腿，主宰於腰，形於手指，由腳而腿而腰，總要完整一氣，向前退後，乃能得機得勢，有不得機得勢處，身便散亂，其病必於腰腿求之。凡此皆是意，不在外面，意欲向上，即寓下意，有前即有後，有左即有右，此太極拳通論，人所共知也。然何能至此，迄未言之，此予鬆功論之所由作也。夫人體猶植樹然，根深則蒂固，本固則枝榮，樹之所以經大風而不傾折者，在根深而本固也，太極拳之所以推挽不移者，亦如是也。於是乎鬆功尚焉，雖然，予創此鬆功，乃由多年體會，多年實踐所得之結論，深望廣大太極拳愛好者，不吝教言，共促中國醫學太極拳能在普及基礎上有所提高，則幸甚矣。

凡練習太極拳者，皆知鬆、沉為太極拳主要之條件，而於練法與原理，則未見其著述，因此不揣愚陋，略為論述，並創上肢鬆功、軀幹鬆功、下肢鬆功、全體鬆功，凡十八章，大膽嘗試，做為拋磚引玉而已耳。

鬆者，蓬鬆也；寬而不緊也；輕鬆也；放開也；輕鬆暢快也；不堅凝也。含有小孔以容其他物質之特性也。凡此種種，皆明示鬆之意義也。功者，勞績也，成效也，事物之效用也。行為之效用，所生之作用也。對事物所顯著之功用與力量也。生理器官之本能，如關節之動轉也。鍛煉所費之時間也。凡此種種莫不皆明示功之意義也。鬆功鍛煉過程，常有各個關節動作不如己意之感，精進不已，漸覺略感隨意，久而久之，方感動作裕如，隨心所欲，處處靈活，此時方知各個關節聽我所用，周身隨意肌方能隨意也。不然，我之周身並不聽我所用，活人乎？病人乎？實難言也。故中國醫學太極拳對人體慢性病與病後恢復期能起到顯著療效者，良以此也。

鬆功之要，首在提舉，提舉愈高，下落愈速，有人不解提舉之理，以為非鬆功也，殊不知向上提舉有如扛鼎，不能上安能下？向上不鬆，下安能鬆？學者宜深切體會之，方自得也。鬆功如高舉珠，倏然而斷，有如斷線珍珠，粒粒下落，如珠走盤，圓活異常，節節貫串，魚貫而下，方顯活潑而不遲滯，動作自然，順乎規律，發育身心自然之條件，合乎生理自然之能力，證之科學亦無不合也。

鬆功之效，以樹為例，大風吹柳，枝條搖動，呼嘯有聲，任其搖擺而根不拔者，以其柔韌而順遂也。風吹白楊，枝葉作響而本不動者，以其枝葉抖擻也。風吹松柏，寂然不動而體氣和平者，以其應物自然也。人身通過練習鬆功之後，走如風、站如釘、立如松、坐如鐘、臥如弓，周身無一處不輕靈、無一處不堅韌、無一處不沉着、無一處不順遂，通體貫串，絲毫無間。一處受警，該處立即反射以應之，其他各處不受牽連，周身各點，均能反射，亦即處處是手，不單靠兩手兩足也。其便利為何如哉！在生理方面，暢運血脈，活動筋骨，身心發育，應物自然，方顯圓活之趣。而無遲重之虞，氣遍周身，強身健體，自在其中矣。且鬆功練習既久，上下左右前後均能鬆展裕如，有如常山之蛇，擊其首則尾應，擊其尾則首應，擊其中則首尾俱應，呼應靈活，動作自然，有反其天真之妙，對於人體預防摶傷、扭傷、脱臼以及畸形發育，均有莫大之裨益。中老年練習者，能推遲人體之衰老，或預防關節之硬化，此為太極拳鬆功之特點。學者如能持之以恒，堅持不懈，自能收強身健體之效。學者不可不知也。

在練習鬆功之初，首先宜注意姿勢之是否正確？動作之能否自然？初練之時，往往有動作不從心之感，是未鬆開之現象，關節不能柔韌之表現，筋骨不活，血脈運行不暢，未能順乎生理機能之所致，須耐心衝過這一關，然後自然有成，不可灰心而輟也。

中國醫學太極拳之鬆功，自有其科學上之根據，蓋人體生存於地球之上，莫不受地心之吸引（失重除外），因此下降愈速則愈顯沉，能鬆則吸引下降愈速，愈速則愈顯沉，沉寓於鬆，無鬆即無沉，沉者，墜也。下降愈鬆則沉之愈重。故鬆功之鬆與沉，可同時收效，此宇宙自然之理也。學者宜探討之。

中國醫學太極拳，通過鬆功之鍛煉，對於太極拳之形與勢亦有莫大之效益。形者，若決積水於千仞之谿也。水之性，避高而趨下，決之赴深谿，因湍浚而莫之禦也。太極拳鬆功，能乘敵之不備，掩敵之不意，避實而擊虛，亦莫之制也。勢者，板上走丸，言其易也。鬆功既熟，有如轉圓石於千仞之山者，勢也。勢如破竹，迎刃自解。故太極拳鬆功既成，則能本乎人生天然優美之發育，順先天自然之能力，使全體得充分之發展，謀一生永久之健康，意在斯乎！意在斯乎？此予鬆功之所由作，良以此也。中國醫學向主不治已病治未病，西醫亦以防治為主，醫療為輔，此中西之通論如此也。而太極拳之鬆功，則使人體各個關節既輕鬆暢快，又靈活異常，既堅韌柔和，又寬而不緊，既無鬆懈乏力，又無堅凝不舒，通過鍛煉，養成骨節靈敏，韌帶柔韌，肌肉靈活，曲伸自由，如堅持以恒，能推遲衰老，與其得病而牽引，孰若未病練鬆功，久而久之，推、拉、挽、轉不能稍移；摜、扭、撮氣，無由而生，順其生理之機能，維護功能之永保。在技擊方面，人不能到而己能到，語曰：「不怕力大一石，只怕筋長一分」，即此義也。在鍛煉各章中已説明者，不再重述，學者如能前後精讀細究，反復琢磨，參透其中深意，則強身健體，健康長壽，自在其中矣。學者切勿以予言為河漢也，是為論。

吳圖南跋

總上中國醫學太極拳，在定勢練習時，務求姿勢正確，動作自然，此為太極拳之基本功，必須耐心鍛煉，持之以恒，自能收增強體質之效益。然後再做連勢之鍛煉，不可草率從事，勢勢做到家，處處不走樣，而能將太極拳全套連為一勢，一氣呵成，顯出輕靈活潑，敏捷連貫之妙。自然感有輕快舒適之意味。則達到身心同時發育之目的矣！然而此時嘗有感到周身關節不活，動作缺乏柔韌，往往有勢不隨心之感。予針對此一問題，經過數十年之實際體會，創此太極拳鬆功若干則，計十八章，簡而易行，收效亦宏，頗為學者所歡迎。鬆功練過之後，對於盤架子確實有所提高，此為學者所公論，予亦略堪以自慰耳。茲以鬆功既已練熟，再能做進一步之研究，實有必要，予再提出問題數則，以供學者參考，想亦為學者所樂聞焉：

1. 同方向又同時。
2. 同方向不同時。
3. 不同方向同時。
4. 不同方向不同時。

學者如在此方向與時間兩者之變化加意探討，則一心二用之妙自在掌握之中，對於推手練習時，大有裨益也。要在學者之細心體會耳。

太極功氣功論（宗氣論）

摘要　本篇文章，是吳圖南先師於1984年百歲高齡時寫成的。這篇文章也是他一生中後期的重要著述。一位百歲高齡的老人，仍然能夠寫成如此內容豐富、文筆流暢的專論，是很難得的，也是極為罕有的。

吳圖南先師曾經給太極功的氣功下過定義。他說：「太極功的氣功，不是一般的『氣功』，它是因為鍛煉太極功而專設的氣功；也是由於鍛煉太極功而產生的氣功。」

吳圖南先師青年時曾就讀於京師大學堂讀中、西醫學。《氣功論》（宗氣論）一文，是他從中醫角度闡釋宗氣對人的身體的重要性，以及練太極拳必須要鍛煉好宗氣的原理。吳先師一生堅持鍛煉太極拳和太極功，實踐證明，太極拳、太極功對養生長壽的效應極佳。吳先師健康活到一百零五歲，也證明了這一點。

太極拳在鍛煉過程中，欲達到高級精湛之目的，必須練太極功，以促進其精進。予曾先後創作着（招）功若干則、勁功若干則、鬆功若干則，通過學者練習，確認其為實收到裨益。茲將太極拳內景，編著太極拳氣功若干則，以示學者，先由宗氣入手，因作宗氣論。

太極拳所謂「無極而太極」者，不可極而極之之謂也。《易》曰：「寂然不動，感而遂通」，《丹書》云：「身心不動以後，復有無極真機」，言太極之妙本也。是知氣功所尚者，靜定也。蓋人心靜定，未感物時，湛然一理，即太極之妙也。一感於物，遂有偏倚，即太極之變也。苟靜定之時，謹其所存，則一理常明，虛靈不昧，動時自有主宰，一切事物之來，俱可應也。故靜定功夫純熟，則有不期然而然者，自然至此無極真機之境，於是乎太極拳之妙應既明，天地萬物之理悉備於我也。

天地萬物，非氣不運，非理不宰，理氣相合，而不相離者也。蓋陰陽者，氣也。一氣屈伸，而為陰陽動靜也。理者，太極也。本然之妙也。所以紀綱造化，根柢人物，流行古今，不言之蘊也。是故在造化則有消息盈虛，在人則有虛實順逆，有消息盈虛，則有範圍之道，有虛實順逆，則有調劑之宜。斯理也實難言之。故包犧氏畫之，文王彖之，姬公爻之，仲尼讚而翼之，黃帝問而岐伯陳之，越人難而詁釋之一也。但經包、文、姬、孔則為易立論，於岐黃則為靈素辨難，於越人則為難經，書雖不同，而理則一也。知理一則知易以說陰陽，而素問而靈樞而難經，皆本陰陽而闡論也。易理明則可以範圍天地，曲成民物，通知乎晝夜。靈素難經明，則可以節宣化機，拯理民物，調燮扎瘥疵癘而登太和。故精於太極拳者，必深於易而善於醫，精於醫者，必由通於太極拳，而收不藥而醫之療效，術業有專攻，而理無二致也。其洞徹理合氣之者，會理之精，立論之確，即通乎太極拳體療之義，比之拘方之學，一隅之見者，則有至簡至易之體療作用，其太極拳之特徵歟？質之身受太極拳之效益者，必以予言為然也。

故太極拳之妙用，在能運用天地大氣鼓（鼓，撬動也）鞲，人身非此氣鼓鞲，則津液不得行，呼吸不得息，血脈不得流通，糟粕不得傳送。《內經•陰陽應象大論》曰：「天氣通於肺，地氣通於嗌（嗌，咽喉也）。風氣通於肝，雷氣通於心，穀氣通於脾，雨氣通於腎，六經為川，腸胃為海，九竅為水注之氣。」是以天人一致之理，不外乎陰陽五行。蓋人之氣化而成形者，即陰陽而言之。夫二五之精，妙合而凝，男女未判，而先生此二腎，如荳子菓實出土時兩瓣分開，而中間所生之根蒂，內含一點真氣，以為生生不息之機，名曰動氣，又曰原氣。稟於有生之初，從無而有，此原氣者，即太極之本體也。名動氣者，蓋動則生，亦陽之動也。此太極之用所以行也。兩腎靜物也。靜則化，亦陰之靜也。此太極之體所以立也。動靜無間，陽變陰合，而生五行〔註〕，其命門之謂乎？《素問》曰：「腎藏骨髓之氣。」《難經》曰：「男子以藏精，非此中可盡藏精也。」蓋腦者髓之海，腎竅貫脊通腦，故云如此歟！《黃庭經》曰：「腎氣經於上焦，營於中焦，衛於下焦。」《中和集》曰：「闔闢呼吸，即玄牝之門，天地之根，所謂闔闢者，非口鼻呼吸，乃真息也。」《黃庭經》曰：「兩部腎水對生門（即臍也）。」越人曰：「腎間動氣者，人之生命。」於斯可見，太極拳養腎間之動氣，意義之宏偉也。是故兩腎間之動氣，非水非火，乃造化之樞紐，陰陽之根蒂，即先天之太極，五行由此而生，臟腑以繼而成。非有形質之物，學者宜深思之。

《黃庭經》曰：「北方黑色，入通於腎，開竅於二陰（大小便），左腎為壬，右腎為癸（壬癸皆水也）。」《內經•四氣調神大論篇》曰：「腎者主蟄，封藏之本，精之處也。受臟腑之精，而藏之也（精亦水也）。」因其皆屬水，且太高水下，水火不相射，以維持臟腑之平衡，則百病不生，此太極拳之燮理陰陽之理，學者不可不察也。

動氣或原氣之説，概論之於前，現將宗氣再説明之。宗氣者，為言氣之宗主也。此氣摶於胸中，混混沌沌，人莫見其端倪，此其體也。及其行也，肺得之而為呼，腎得之而為吸，營得之而營於中，衛得之而衛於外，胸中即膻中（膻中：胸中兩乳間曰膻。《素問》：「膻中者，臣使之官，喜樂出焉。」）。膻中之分，父母居之，氣之海也。三焦為氣之父，故曰宗氣出於上焦。營氣者，為言營連穀氣，入於經隧，達於臟腑，晝夜營周不休，始於肺臟而終於肺臟，以應刻數，故曰營出中焦也。又曰：營是營於中。又曰：營在脈中。世謂營為血者非也。營氣化而為血耳。中字非中焦之中，乃經隧中脈絡中也。《難經痺論》云：「營者水穀之精氣，和調於五臟，灑陳於六腑，乃能入於脈也。」衛氣者，為言護衛周身，溫分肉，肥腠理，不使外邪侵犯也。始於膀胱而終於膀胱，故曰衛出下焦也。又曰衛是衛於外，又曰衛在脈外（此外字亦非純言乎表，蓋言行乎經隧之外也）。《內經•痺論篇》曰：「衛氣者，水穀之悍氣，其氣慓疾滑利，不能入於脈也。故循皮膚分肉之間，熏於肓膜，散於胸腹，逆其氣則病，從其氣則愈也。」夫人與天地生生不息者，蓋一氣之流行爾。是氣也，具於身中，名曰宗氣，又曰大氣，經營晝夜，無少間斷。靈素載之，而後人莫之言也。後人只知有營衛，而不知營衛無宗氣曷能獨循於經隧，行呼吸以應息數而溫分肉哉？

此宗氣者，當與營衛並稱，以見三焦上、中、下，皆此氣而為之統宗也。《靈樞經·五味篇》曰：「穀始入於胃，其精微者，先出胃之兩焦(中、下焦也)，以溉五臟，別出兩行，營衛之道，其大氣之摶而不行者，積於胸中，命曰氣海（大氣即宗氣，氣海即膻中）。」《義邪客篇》曰：「五穀入於胃也，其糟粕(下焦)、津液(中焦)、宗氣(上焦)分為三隧，故宗氣積於胸中，出於喉嚨，以貫心脈，而行呼吸（此出上焦為一隧也）。營氣者，泌其津液，注之於脈，化以為血，以營四末，內注五臟六腑，以應刻數(此出中焦為一隧也)。衛氣者（在內有溫養五臟六腑之功能，在外有溫養肌肉，潤澤皮膚，滋養腠理，啟閉汗孔等作用）出其悍氣之慓疾，而先行四末、分肉、皮膚之間，而不休者也。晝日行於陽，夜行於陰，常從腎臟之分間，行於五臟六腑（此出下焦為一隧也）。」《營衛生會篇·黃帝》曰：「願聞營衛之所行，皆何道從來？」岐伯曰：「營出於中焦，衛出於下焦。」《衛氣篇》曰：「其浮氣之不循經者，為衛氣。其精氣之行於經者，為營氣。」講明此三氣者，自秦越人之後，惟四明馬玄台《難經正義》考究極工，於宗氣則曰：「自夫飲食入胃，其精微之氣，積於胸中，謂之宗氣。」宗氣會於上焦，即八會之氣，會於膻中也。惟此宗氣主呼吸，而行脈道，於營氣則曰營氣者，乃陰精之氣也，即宗氣之所統。猶太極之分而為陰也。此氣始於肺臟而復會於肺臟，而行晝行夜，十二經之陰陽皆歷焉。所謂太陰(即肺臟)主內者此也。於衛氣則曰衛氣者，陽精之氣也。亦宗氣之所統，猶太極之分而為陽也。此氣始於膀胱臟，而復會於膀胱臟，引《靈樞·歲露篇》曰：「衛氣一日一夜常大會於風府」，風府者，足太陽(即膀胱)督脈陽惟之會，所謂太陽主外者此也。蓋營氣行陽行陰，主晝夜言，衛氣行陰行陽，主陽經陰經言，營氣之行於晝者，陽經中有陰經，行於夜者，陰經中有陽經，故行陰行陽，主晝夜言之。衛氣則晝必止行於陽(行三陽經也)，夜必止行於陰（行三陰經也），是陰陽不指晝夜言也。又謂《靈樞·五十營》等篇：「言氣脈流行，自肺而始，至肝臟而終，循環不已」，凡此非精究經旨，融會脈絡，苦心積累不能也。學者須深體會之，方可明其究竟也。

至於太極拳太極功中之氣功，端賴呼吸以行之，若不明呼吸之所以然，則運用行功之時，無所適從，故深論之。呼吸者，即先天太極之動靜，人一身之原氣也(即兩腎間動氣)。有生之初，即有此氣，默運於中，流動不息，然後臟腑行所司而行焉！《難經》曰：「腎間動氣者，五臟六腑之本，十二經脈之根，呼吸之門，經謂肺出氣出此也。腎納氣納此也。謂呼在肺而吸在腎者，蓋肺高腎下，猶天地。」故滑伯仁曰：「肺主呼吸天道也（此呼吸乃口鼻之呼吸，指穀氣而言也）。腎司闔闢地道也（此闔闢乃真息，指原氣而言也）。」《靈樞經》曰：「五穀入於胃也，其糟粕、津液分為三隧，故宗氣積於胸中，出於喉嚨，以貫心脈，而行呼吸（行猶承行）。」此指後天穀氣而言，謂呼吸資宗氣以行飲，謂呼吸屬宗氣也。何者？人一離母腹時，便有此呼吸，不待於穀氣而後有也。雖然，原氣使無宗氣積而養之，則日餒而瘁，呼吸何賴以行，故平人絕穀七日而死者，以水穀俱盡，臟腑無所充養受氣也。然必待七日乃死，未若呼吸絕而即死之速也。以是知呼吸者，根於原氣，不可須臾離也。宗氣如《難經》「一難」之義，原氣如《難經》「八難」之義，原氣言體，穀氣言用也。滑伯仁曰：「三焦始於原氣，用於中焦，散於膻中」，上焦主內而不出，下焦主出而不內，其內其出皆係中焦之腐熟，用於中焦之為義，其可見矣。

由是可知，宗氣者，先天真一之氣，流行百脈，貫穿臟腑，所謂氣為血帥，血隨氣行者，即此氣也。太極拳之氣功之所以能氣分陰陽，機先動靜者，端賴宗氣之鍛煉，故宗氣既明，內景洞輒，人體一氣流行，順而行之，則百病不生，延年益壽不期然而然，故宗氣尚焉。

再就呼吸言之，不論其為胸呼吸、腹呼吸、外呼吸、內呼吸、正呼吸、反呼吸、以及皮膚呼吸……等，欲其流暢不窒，捨宗氣之充足，無以完成其任務，故宗氣之為用亦大矣哉！學者可不加之意乎？

在太極拳氣功中，以宗氣為主，氣能隨我所運，漸而達到聽我使用之效，故能運能使，方為太極功氣功之目的，否則氣功何需鍛煉哉？當太極拳初練氣功時，並無若何感覺，只覺練習後，身體略感輕快耳。練至相當之時日，則腹內腸胃略有腸鳴，漸至有如龍吟虎嘯之勢，此時堅持鍛煉，持之以恆，則能陰陽分，順逆勻，盈虛消長，漸能掌握，所謂氣分陰陽者此也。

然後培其元氣，守其中氣，保其正氣，護其腎氣，養其肝氣，調其肺氣，理其脾氣，閉其邪惡不正之氣，勿傷於氣，勿逆於氣，勿憂思悲怒以頹其氣，升其清氣，降其濁氣，使氣清而平，平而和，和而暢達，能行於筋，串於膜，以至通身靈動，無處不行，無處不到，氣至則膜起，氣行則膜張，能起能張，則膜與筋齊堅固矣。然後自然氣由內臟到分肉，由分肉到腠理，由腠理到皮膚，由皮膚到毛細孔，營皮膚呼吸，則能減少肺臟之勞動，所謂太極拳之氣能全體發之於毛者即指此也。然後再能延長出來，通過體表之等電離子層和生物電離子層，能使這種氣，達到（推手時）對方之身體，而且使這種氣跟對方之氣結合到一起，來指揮對方之呼吸，這就是我們所說的太極拳的氣功。

如能加意陶冶，融會貫通，則能內實臟腑，外堅腠理，精滿、氣充、神全，周流於人體之內外，內維臟腑之平衡，外防六氣之浸襲，故能增強體質，推遲衰老，永保青春，健康長壽。學者果能細心研究之，又能持之以恆，則獲益之處，豈淺鮮哉，是為論。

甲子冬，百歲老人，吳圖南著於首都。

〔註解〕

五行者，一水二火三木四金五土，據《素問·運氣》曰：「水之為言潤也（陰氣濡潤任養萬物）。火之為言化也（陽在上陰在下火毀然盛而化生萬物）。木之為言觸也（陽氣觸動冒地而生）。金之為言禁也（陰氣始禁止萬物而揪斂）。土之為言吐也（含吐萬物將生者出將死者歸為萬物家）。」

吳圖南嫡傳太極功功法之解説

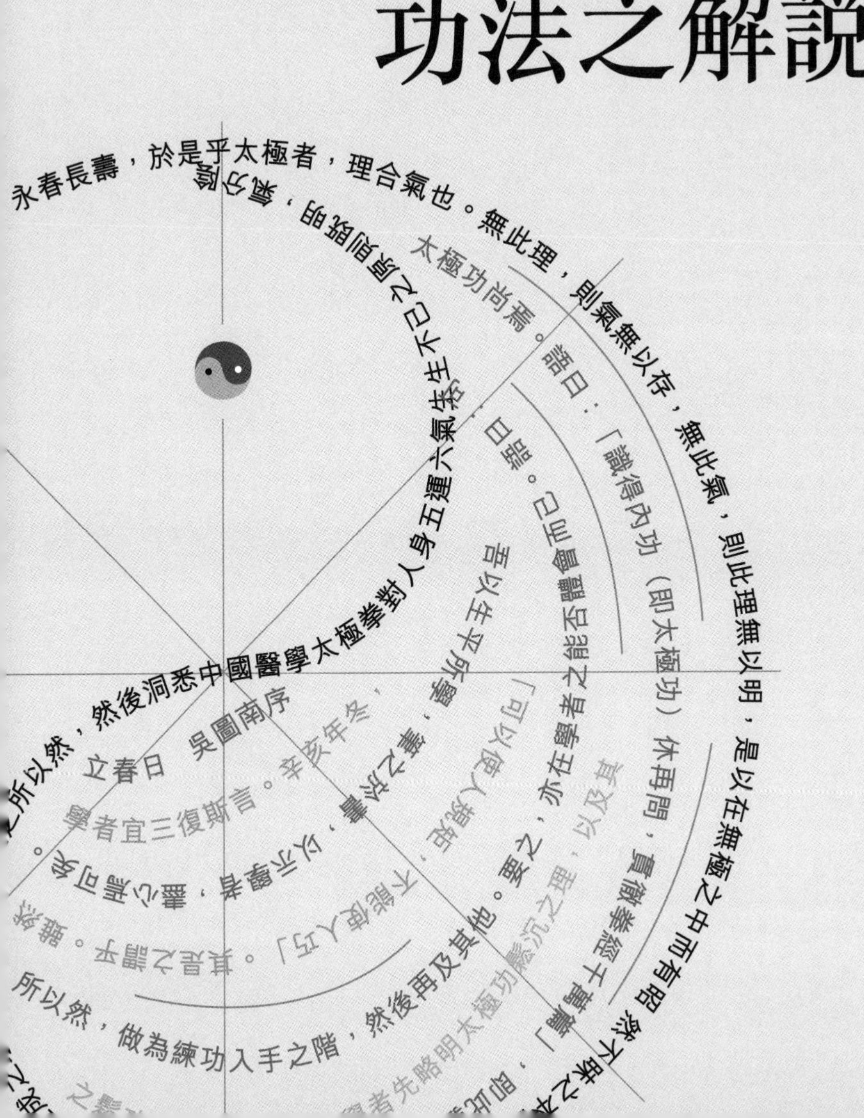

引言

中國遠古世傳太極功是經過約二千多年以來，歷代先師們精研創造的功法。太極功是中國傳統的導引術、吐納術、按摩術、經絡術、養生術、搏擊術等學術的總匯。其修煉身心的全部功法為太極功。太極功裡的勢功(行功和用架)為太極拳。這些功法都需要口傳心授的。

太極功概括的分為四大類，即：勢功、樁勁功、鬆功和氣功。四類功法的內容包括：練勢、練樁、練鬆、練勁、練手、練身、練步、練腿、練神、練氣等共約數十種功法。在過去傳授太極功時，僅公開傳授勢功，其餘的太極功法對外是不傳授的。

修煉太極功，得其大者，身心俱化，應物自然；得其次者，卻老延年，永春長壽；至於武事乃小技也，視為餘事耳。

吳圖南先師，窮畢生之精力，繼承研究遠古世傳太極功法，並且在自身修煉和傳授的實踐中，不斷地調整和歸納各種功法，使太極功更趨於條理化、科學化和實用化。

吳圖南先師生前，對外只公開傳授過勢功中的太極拳行功和刀、劍，其餘功法從未傳人。但是吳先師在論述太極功的練功進階時，他所編排的程序是：先練勢功，再練樁勁功，再練鬆功，最後練至氣功。這個程序是因為吳先師所處的時代背景，又根據他個人修煉的實際需要而加以編排的。當吳先師晚年納余為唯一的入室弟子之後，此時傳授余之功法，從程序上沒有變動，但是從功法的內容上，已經由博返約，層次分明，太極功的理法更趨完善和充實。吳先師仙逝後，承傳和弘揚太極功的人，僅余一人耳。

余在多年傳授太極功法的實踐中發覺，如果按照原有的練功程序去傳授，已不太適合時代的需要，故將練功進階的次序變更為：修煉的人首先要練好鬆功，次練勢功，再練樁勁功，最後練氣功。因為太極功的主旨是使練者達到身心俱化，應物自然的境地，所以練者必須將鬆功練好。鬆功是太極功全部功法的中心，是生命線。無「鬆」則無一切。故鬆功必須自始至終不間斷的苦練，必須一練到底，始能有成。練勢功時仍兼練鬆功，待練樁勁功和氣功時，仍以鬆功伴隨修煉。實踐證明：無「鬆」，拳勢不能輕靈沉着；無「鬆」，樁勁不能穩固輕脆；無「鬆」，氣息不能運使自如。

太極功各種功夫是相輔相成的。由鬆功練至氣功是淡入的，氣功練成之後，氣化又反饋回椿勁功，以及勢功和鬆功。現將太極功的各種功法解說如下。

一、太極功鬆功

鬆功是太極功裡極為重要的功法，因為「鬆」是太極功的中心，是靈魂。過去的前輩們對「鬆」的論述和解釋很少，所以甚麼是「鬆」，長期以來一直是修煉者所困惑的，甚至有些人因為誤解而練入歧途。很多人都知道在過去的拳論裡曾簡單的形容「鬆」就是：「似鬆非鬆，將展未展」這句話。那麼到底甚麼是「鬆」，似乎還不太清楚。太極功的鬆功是甚麼？怎樣練「鬆」？太極功人修煉的「鬆」又是甚麼？

吳圖南先師在嚴格繼承前輩所傳功法的基礎上，經過長期自身實踐後，在1911年前後，總結撰寫出《鬆功論》一文。可惜這篇論文未經發表就被人偷走，其後吳先師又重新撰寫了《鬆功論》。這篇論文共分：上肢鬆功、軀幹鬆功、下肢鬆功、全身鬆功等四篇，內容包括：練手、練腕、練肘、練頸、練胸背、練腰腹、練胯、練膝、練腿、練足……等，共計十八章。吳先師在《鬆功論》裡曾解釋過甚麼是「鬆」，他說：「鬆者，蓬鬆也；寬而不緊也；輕鬆也；放開也；輕鬆暢快也；不堅凝也……」。他又說：「練習鬆功，使人體各個關節既輕鬆暢快、又靈活異常；既堅韌柔和、又寬而不緊；既無鬆懈乏力、又無堅凝不舒。」「久練之後，養成骨節靈敏、韌帶柔韌、肌肉靈活、曲伸自如之地步。」

余認為「似鬆非鬆」指的是：「鬆」似「縮」而不是「縮」，或者「鬆」似「軟」而不是「軟」；「將展未展」指的是：「鬆」似「伸開」而未及「伸開」，或者「鬆」似「展直」而未及「展直」。像上述的狀態叫「鬆」，那麼「鬆」應當界定在「縮」與「伸」之間的中和處。也就是伸張肌不過於「直」，收縮肌也不過於「縮」的狀態就是「鬆」。「鬆」是伸張肌與收縮肌處於均衡狀態時的感覺。「鬆」是伸與縮交匯的邊緣。這個邊緣只是一個「點」的大小。「鬆」在運動時要留心處理好「伸」與「曲」的關係，要有一定的方法，要經過較長時間的訓練才能做到的。運動時要保持「鬆」的狀態，必須用「意」導體而不用拙力，曲伸時的變換要漸進而不能突變，要連鎖式的才能收到「鬆」的效果。「鬆」在動與靜時，練者周身都應「蓄外意」，即周身皆含「張力」。「鬆」不僅要做到骨節、韌帶、肌肉的「舒鬆」，最要緊的是要做到神經上的「舒鬆」。「鬆」練到最佳狀態是周身皮膚內的神經纖維（末梢）也能「舒鬆」。把皮膚上的向內（接收）和向外（傳導）的感覺保持均衡狀態。這樣的「鬆」才真的是「發之於毛」的體感。

修煉鬆功，是將人體受後天影響僵化了的隨意肌，恢復它既有的機能，達到隨意肌真能隨意的目的。

修煉鬆功，是訓練和加強控制身體活動信息的能力。要練到無意而至，如周身任何一處受警，該處立即反射回應，其他身體各處不受牽連，也不需動用手足去應付。

修煉鬆功，其目的是：周身一處自有一虛實，處處總此一虛實。通體貫串，絲毫無間，如此漸進到「虛空粉碎」、「應物自然」的目的，此之謂「化功」也。

吳圖南先師傳授太極功予余時，吳先師已經將《鬆功論》裡較為繁複的多種功法，做了精簡和歸併。現時余所傳授的就是吳先師改進後的功法。茲將太極功鬆功的功法列述如下：

1. 單臂（左臂）前上前下鬆

身體直立。全身放鬆。兩腳站自然步。兩腳的間距為一立腳寬。面向前方。眼平前視。然後以左肩為軸，左臂以左手指尖引領向體前提舉。左臂提至頭的左外側，與身體上下成一直線。提舉至極限為度。此時左掌心朝前。肩、肘、腕、掌、指要舒鬆勿僵直。稍停二、三秒之後，提舉之左臂倏忽循體前放鬆下落。肩、肘、腕、掌、指魚貫而下，任其在左胯旁自然擺動。直至鬆淨停止。

2. 單臂（右臂）前上前下鬆

其動作與要求如 1 。惟左臂換成右臂。

3. 單臂（左臂）前上後下鬆

左臂提舉之動作與要求如 1 。惟左臂倏忽下落時，以左手大指向體後翻轉，並以大指引領左臂循身體後背下落。肩、肘、腕、掌、指魚貫而下，任其在左胯旁自然擺動，直至鬆淨停止。

4. 單臂（右臂）前上後下鬆

其動作與要求如 3 。惟左臂換成右臂。

5. 雙臂前上前下鬆

其動作與要求如1、2。惟左、右兩臂同時提舉至頭的左、右外側，與身體上下成一直線，提舉至極限為度。此時雙掌心朝前。稍停二、三秒之後，提舉之雙臂倏忽循體前放鬆下落。肩、肘、腕、掌、指魚貫而下。任雙臂在左、右兩胯旁自然擺動，直至鬆淨停止。

6. 雙臂前上後下鬆

其動作與要求如 5 。惟雙臂倏忽下落時，以雙手大指向體後翻轉，並以雙手大指引領雙臂循身體後背下落。肩、肘、腕、掌、指魚貫而下，任雙臂在左、右兩胯旁自然擺動，直至鬆淨停止。

7. 單臂（左臂）平前下鬆

其動作與要求如 1 ，惟左臂向身體左側外方提舉，手心朝下。提舉高度與肩平，提舉至極限為度。肩、肘、腕、掌、指要舒鬆勿僵直，然後平舉之左臂倏忽循身體左側經身體前方下落。肩、肘、腕、掌、指魚貫而下，任其在體前自然擺動，直至鬆淨停止。

8. 單臂（右臂）平前下鬆

其動作與要求如 7 。惟左臂換成右臂。

9. 雙臂（左、右臂）平前下鬆

其動作與要求如7、8。惟左、右兩臂同時向身體兩外側提舉，手心朝下，左、右手高度與兩肩平，然後平舉之雙臂倏忽循身體左、右側經身體前方下落。肩、肘、腕、掌、指魚貫而下（注意：下落之兩臂勿互相碰撞）。任兩臂在體前自然擺動，直至鬆淨停止。

10. 雙臂（左、右臂）平後下鬆

其動作與要求如 9 。惟雙臂倏忽下落時，以雙手大指向體後翻轉，並以雙手大指引領雙臂循身體左、右側經身體後方下落。肩、肘、腕、掌、指魚貫而下（注意：下落時兩臂勿互相碰撞）。任兩臂在體後自然擺動，直至鬆淨停止。

11. 顧盼旋鬆功

（1）左顧右盼旋鬆功

身體直立。全身放鬆。兩腳站自然步。兩腳間距為一立腳寬。面向前方，眼平前視。此時頭頂、頸、兩肩、兩胯、兩膝須鬆合。以眼引領先向左顧，再向右盼。周身隨眼之顧盼先向左再向右輕鬆旋轉。兩臂隨身體之轉動在身體周圍輕鬆掄動。功法啟動後，左顧右盼之旋轉度數逐漸加大至各 180° 。如此反復顧盼旋轉多次後，再逐漸減少顧盼之度數，直至鬆旋身體至正前方，兩臂自然下垂至身體兩側。周身鬆淨為止。

（2）右盼左顧旋鬆功

其動作與要求如11.（1），惟啟動時先做右盼再做左顧。

12. 前後雲鬆功

（1）前雲鬆功

身體直立。全身放鬆。兩腳站自然步。兩腳間距為一立腳寬。面向前方，眼平前視。兩手鬆握拳。提肘，兩拳抱於兩肋旁，拳心向上。然後兩拳鬆開變掌。以指尖引領兩臂向體前平伸。舒伸至極限，高與肩平。兩掌心向上，兩小指內側相碰。以兩肘為軸，旋兩腕。以兩手食指引領向外再向內而後再向外旋。兩掌在頭面前方旋一圓圈後，兩臂前伸。兩掌心向左右。兩掌大指向下。兩臂伸至極限後，兩手食指背在體前相碰。然後以兩手食指引領，以兩肩為軸，兩臂循身體左、右外方分向身體後方旋轉。兩臂後伸至極限，兩手食指靠攏相碰。然後旋兩腕，以兩手食指引領經左、右兩肋旁再旋腕展臂向前上方平伸至極限。高與肩平，掌心向上。兩手小指內側再相碰。還原如初式之動作。如此反復若干次後，鬆淨垂臂還原。

（2）後雲鬆功

其動作與要求如12.（1）。惟抱肋之兩拳鬆開變掌後，旋兩腕。以兩小指引領兩臂向體後伸至極限。兩手食指背在體後相碰，然後再以兩手食指引領分向身體兩側展兩臂，由下而外而上而前。兩臂在體前伸至極限，高與肩平。兩掌心向外。兩手大指向下。兩食指背相碰。此時再旋兩腕。兩手食指引領向頭面部內旋。然後兩肘外開，再旋兩腕。兩手以小指引領兩掌、兩肘、兩臂，向外向前平伸至極限。掌心向上。兩小指內側相碰。撤兩肘，兩掌撤至兩肋旁。握拳如初。如此可反復動作若干次後，鬆淨垂臂還原。

（3）前後雲鬆功

其動作與要求如12.（1）及12.（2）。即將前雲鬆功與後雲鬆功之動作相連接。反復盤肘雲鬆若干次後，鬆淨垂臂還原。

13. 全身鬆功

身體直立。全身放鬆。兩腳左右分開，做大馬步式。兩腳間距約為三個橫腳長。曲兩膝。蹲身。身軀中正安舒。鬆腰、收胯。重心平均在兩腳。如做左側啟動之全身鬆功，則以左手指尖引領左、右兩臂同時向身體左側上方提舉。此時身向左旋，雙手伸於左肩上方，伸展至極度。然後雙手由左耳側由左而下，再循體前而向右向上，伸於右肩上方，伸展至極度。身體隨式轉向右方。隨之全身放鬆。再循原來之路線，雙手由右耳側由右而下，再循體前而左而上，伸於左肩上方，伸展至極度。身體隨式轉向左方。如此身體左右旋轉，兩臂左右上下擺動。周而復始，變轉不息。周身上下，由頂至踵無一處不鬆開，節節貫串，完整一氣。如此反復多次後，鬆垂兩臂至體前。然後握拳抱肋。收步立身還原。此功亦可由右側啟動。全身鬆功之要義，即此功包含訓練周身的全部鬆功在內。學者宜明察之。

二、太極功勢功

余承傳的太極功勢功，因為吳圖南先師及余皆著有成書，故只將勢功名目列下。至於勢功的內容及說明不再詳述，練者可以參考已出版的書籍修煉即可：

太極拳行功慢架（吳圖南傳老架及馬有清傳新架）

參見：《科學化的國術太極拳》（吳圖南著）
《太極拳之解說》、《太極拳規範》（馬有清著）

太極拳用架（快拳）（吳圖南傳）

參見：《太極拳之研究》（吳圖南講授、馬有清編著）

太極刀（十三勢刀）、玄玄刀、太極劍、太極槍（扎桿又名粘黏四桿）（吳圖南傳及馬有清傳）

參見：《太極刀劍合編》（馬有清著）
《內家拳太極功玄玄刀》（吳圖南著）
《太極劍》（吳圖南著）

太極拳推手、太極拳搏擊散打

參見：《中國武術詞語手冊》（馬有清著）
《吳圖南嫡傳打手要法》（馬有清著）

三、太極功樁勁功

傳統武術不論是內家拳術還是外家拳術，除了練習本系統的拳、械之外，大多要練習一些功法，做為築基、操手和調息之用。諺語曰：「練拳不練功，到頭一場空。」

太極功更為注重內、外功之修煉。前輩論曰：「其根在腳，發於腿，主宰於腰，形於手指。由腳而腿而腰，總要完整一氣。向前退後，乃能得機得勢。有不得機得勢處，身便散亂。其病必於腰腿求之。」吳圖南先師論曰：「夫人體猶植樹然。根深則蒂固，本固則枝榮。」蓋因「根起根落」、「萬變不離其根」為太極功法極重要之準則。故太極功樁功尚焉。諺語曰：「識得內功休再問，貫徹拳經千萬篇」，即此義也。

太極功中拳法之定義很明確。「十三勢」必須是：「以意導體，不用拙力；以靜制動、機先動靜；以柔克剛，剛柔相濟；以小勝大，四兩撥千斤。」違反上述準則，非太極拳也。太極功之拳法尚「勁」而不尚「力」。究竟甚麼是「勁」？眾說紛紜。簡要言之，「勁」，學力也，即：含有學術的技術力也。換言之，即含有十三勢的技術力也。太極功訓練「勁」的功法多達數十種。其中有些是技術性的，也有些是既含有技術性又包含戰術性的，還有些「勁」變術性很高。故本篇只講解部分主要的「勁」。但要注意的是：一切「勁」必須貫徹楊少侯先師的五字訣。其訣為：「薄、順、短、脆、遠」。否則差之毫厘，謬之千里也。

樁功

（1）初四功

甲、單平（屏）手

身體直立，全身放鬆。兩腳站自然步。面向前方，眼平前視。（如圖一）

單平（屏）手分左、右單平（屏）手兩勢。練者將腿向左或向右側邁開一步，蹲身成馬步勢。馬步兩腳間距為兩個橫腳寬。要求：頭容正直，立身，鬆腰腹，收兩胯，身體蹲坐在兩腿中間，重心在兩腳。啟動時，兩手鬆握拳，拳心向上，抱於兩肋旁。練左單平(屏)手時，右拳抱肋不動，左拳徐徐向體前下鬆，張開五指變掌。然後鬆提左腕，高與胸齊。經體前微向內收，垂肘、鬆腕、挑指變立掌。掌心向外，以左掌向前推出，左臂伸展至極限。左腕升至肩高為度。左掌要求：五指分開，坐腕，吐掌心。掌向外有推頂而不容侵犯之意。左掌鬆定，其沉墜勁平均入於左、右兩腳之下。此時練者，鬆定不動，穩若泰山。以勻細之三息(息：為一呼一吸為一息)、六息，漸練至十二息為練功時限。

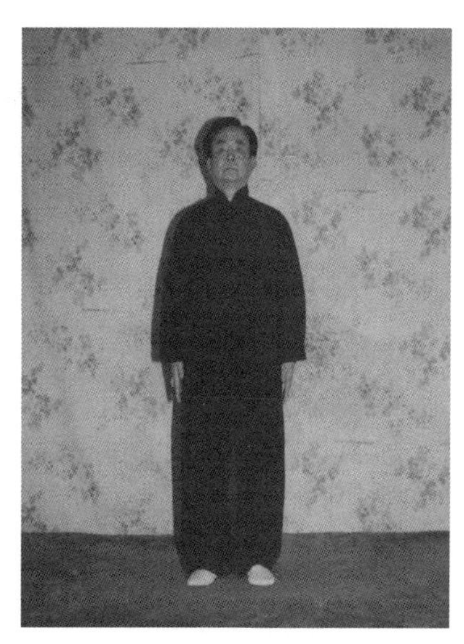

圖一：預備式

收功時，左立掌向前舒伸五指變平掌，然後鬆攏五指變拳，拳面有外頂之意。再翻左拳，拳心向上。此時鬆撤左肘，回收左小臂。左拳收至左肋旁，抱肋。左拳回收時，有若千斤重之沉墜，故此動作又名「千斤墜」。收勢時，左、右兩拳自兩肋旁下鬆變兩掌，挺身直立，收步成自然步，還原。（如圖二）

如練右單平（屏）手時，與練左單平（屏）手之動作與要求一致。惟左、右手互換。

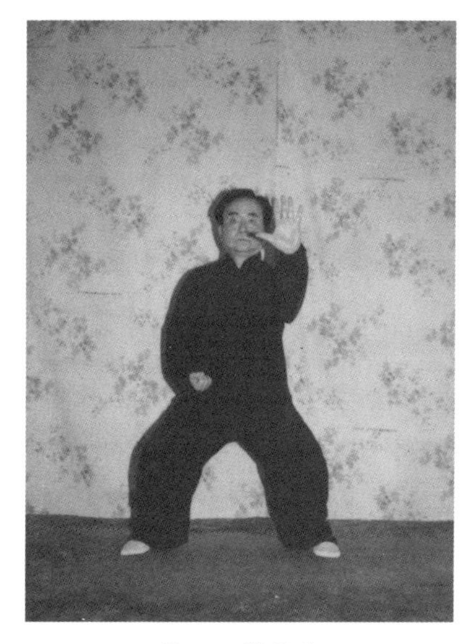

圖二：單平手

乙、雙平（屏）手

雙平（屏）手之動作與要求如單平（屏）手。惟抱肋之雙拳，同時同步徐徐向體前下鬆，張開手指變掌。然後鬆提兩腕，高與胸齊。再經體前微向內收。垂肘、鬆兩腕、變雙立掌向前推出。兩臂伸展至極限。兩腕升至肩高，寬度與肩寬。雙掌要求：坐兩腕，吐兩掌心，手指鬆開勿併攏。雙掌同時向外有推頂而不容侵犯之意。此時雙掌之沉墜勁，平均入於左、右兩腳之下。此時練者，周身定住不動，穩若泰山。以勻細之三息、六息，漸至十二息為練功時限。收功時，雙立掌同時同步向前舒伸變平掌。然後鬆攏兩掌變兩拳，拳心向下。雙拳拳面有外頂之意。再翻兩拳，拳心向上。鬆撤兩肘，回收兩小臂。兩拳回收至兩肋旁，抱肋。雙拳回收時，有若千斤重之沉墜。此為雙平（屏）手之「千斤墜」也。收功時，雙拳自兩肋旁下鬆變掌。挺身直立，收步成自然步，還原。（如圖三）

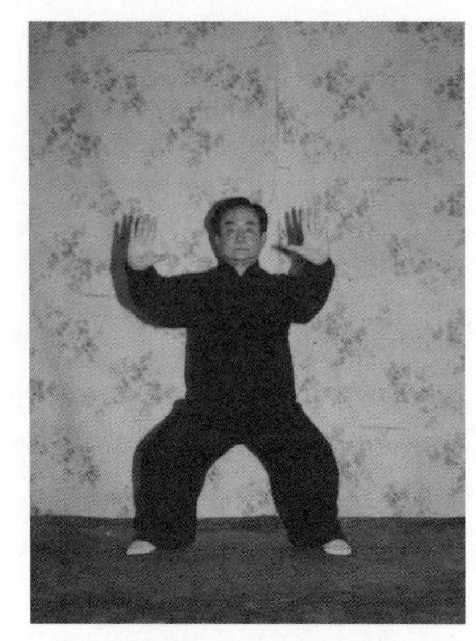

圖三：雙平手

丙、舉鼎

身體直立，全身放鬆。兩腳站自然步。面向前方，眼平前視。

舉鼎功分左、右單手舉鼎和雙手舉鼎共三勢。練者將腿向左或向右方邁開一步，蹲身成馬步勢。馬步兩腳之間距為兩個橫腳寬。要求：頭容正直。立身、鬆腰腹、收兩胯。身體蹲坐在兩腿中間，重心在兩腳。啟動時，兩手鬆握拳，拳心向上，抱於兩肋旁。練左單舉鼎功時，右拳抱肋不動。左拳內合，拳眼翻向上。然後左肘前鬆，立左小臂。以左拳拳面引領向頭部左側上方鬆勁衝舉。上舉時似有千斤之重力壓於拳面。待左臂上舉至極限為度。此時意似千斤鼎已被舉起。周身定住不動，穩若泰山。以勻細之三息、六息、漸至十二息為練功時限。收功時，鬆垂左肘。待左拳降至左肩前時，左小臂前伸放平。與身體成 90°。拳心向上，拳面外頂。然後撤左肘，回收左小臂。左拳回收至左肋旁，抱肋。回收左拳時，仍似單、雙平（屏）手勢，做「千斤墜」。收功時，兩拳自兩肋旁下鬆變掌。挺身直立。收步成自然步，還原。

練右舉鼎功時，與左舉鼎功之動作與要求一致。惟左、右手互換。（如圖四）

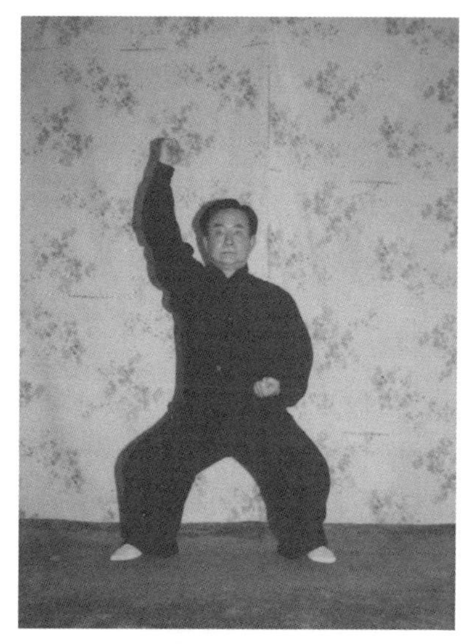

圖四：右手舉鼎

練雙舉鼎功時，與單舉鼎功之動作與要求一致。惟雙拳上舉時，上舉的左、右拳之速度要同時同步。待雙臂上舉時，似有千斤之重力壓於雙拳拳面。待雙臂上舉至極限為度。此時意似千斤鼎已舉起。周身定住不動，穩若泰山。以勻細之三息、六息、漸練至十二息為練功時限。收功時，鬆垂雙肘。待雙拳降至兩肩前時，兩小臂前伸，放平。拳心向上，拳面外頂。然後撤兩肘，回收兩拳，做「千斤墜」。兩拳回收至兩肋旁後，鬆兩拳變掌。挺身直立。收成自然步，還原。（如圖五）

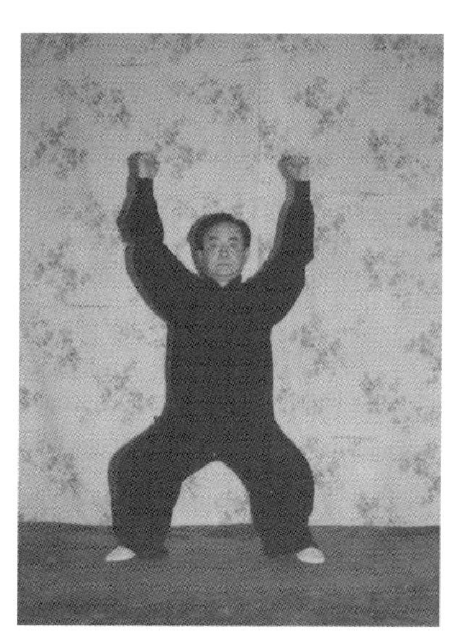

圖五：雙手舉鼎

丁、開弓

身體直立，全身放鬆。兩腳站自然步。面向前方，眼平前視。開弓功分左、右兩勢。練者將腿向左或向右方邁開一步，蹲身成馬步勢。馬步兩腳之間距為兩個橫腳寬。要求：頭容正直。立身，鬆腰腹，收兩胯，身體蹲坐在兩腿中間，重心在兩腳。同時，兩手鬆握拳。拳心向上，抱於兩肋旁。練左開弓功時，右拳抱肋不動。左拳內合，左拳眼翻向上。然後以左拳面引領，經體前向身體左側平伸。拉開左臂如開弓狀。以左臂舒展至極限為度。左拳高與肩平。拳面外頂，拳眼向上。周身定住不動，穩若泰山。然後右拳自右肋旁下鬆變掌。提右腕，向身體右外側上提。提至肩高時，上展五指變立掌。掌心向外。然後再以五指引領回圈右小臂。此時右掌翻向內，以右手五指對正右肩之「肩井穴」(肩井穴位於鎖骨與肩胛骨之間下凹處)下插。注意手指勿觸及「肩井穴」。只懸掌以意下插而已。然後右臂亦定住不動。以勻細之三息、六息漸至十二息為練功時限。收功時，右掌上舉，向身體右側平展小臂，伸與肩平。右掌心向下，指尖外指至極限。再鬆攏變拳。拳心向下，拳面外頂。然後鬆轉右拳。拳眼翻向上。與左側之左拳相同。此時曲兩肘，兩小臂向體前同時同步圈攏，在體前平伸。兩拳心翻向上。兩臂對正兩肩，高與胸齊。然後鬆撤兩肘，回收兩小臂，做「千斤墜」。兩拳回收於兩肋旁抱肋。收功時，兩拳自兩肋下鬆開變掌。挺身直立。收步成自然步，還原。（如圖六）

練右開弓勢時，與左開弓功之動作與要求一致。惟左、右手互換。（如圖七）

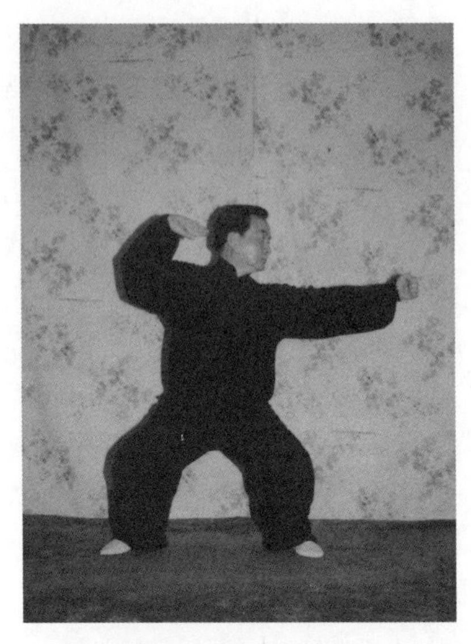

圖六：開弓（左）

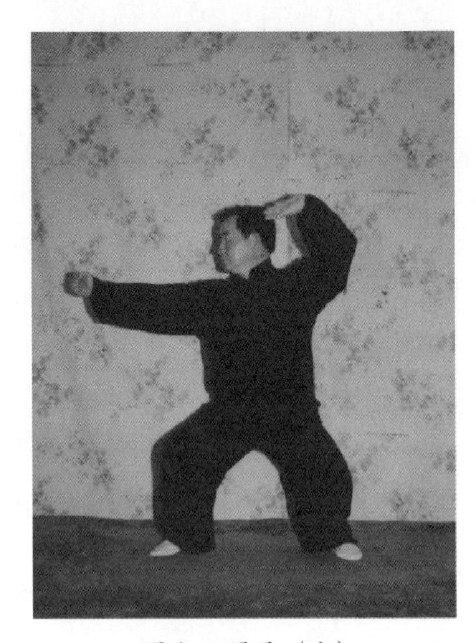

圖七：開弓（右）

（2）中四功

甲、霄壤雲泥

身體直立，全身放鬆。兩腳站自然步，兩腳間距為一立腳。面向前方，眼平前視。啟動時兩手握拳，抱於兩肋旁，拳心向上。兩拳內合，拳眼翻轉向上。拳心貼兩肋。以兩拳拳面引領圈攏兩小臂。左、右兩小臂成兩個半圓形，平行停於胸前。左臂在外，左拳面向右；右臂在內，右拳面向左。兩臂、兩拳勿緊貼。此時鬆兩膝、兩胯，身體下蹲成半蹲勢。如坐於椅上之姿勢。上身直立。鬆腰腹、收兩胯，臀部上下對正兩腳跟。此時右小臂以右拳引領，經左小臂下方循左拳外上方翻撐。右拳翻撐180°，拳心向上，停於頭頂前上方。同時左小臂以左拳引領，經右小臂上方循右拳向下方翻按。左拳翻按90°，拳心向下。停於小腹前。兩臂、兩拳運作時必須同時同步。此時周身鬆定不動，穩若泰山。稍停二至三秒鐘後，右拳翻落、左拳翻升。兩小臂圈攏，平行停於胸前。右臂在外，右拳面向左；左臂在內，左拳面向右。兩臂、兩拳勿緊貼。然後左小臂以左拳引領，經右小臂下方循右拳外上方翻撐180°。拳心翻向上，停於頭頂前上方。同時右小臂以右拳引領，經左小臂循左拳向下方翻按。右拳翻按90°。拳心向下。停於小腹前。兩臂、兩拳運作時必須同時同步。此時周身鬆定不動。穩若泰山。稍停二至三秒鐘後。左、右肢互換再重複上述動作。待重複若干次後再收功。當兩小臂停於胸前時，向前平伸。拳心向下。拳面向外。翻擰兩拳及兩小臂。拳心翻向上。撤兩肘，兩小臂回收，做「千斤墜」。兩拳抱肋後，挺兩膝，身體站立如前。再鬆開兩拳變掌，還原。（如圖八、圖九）

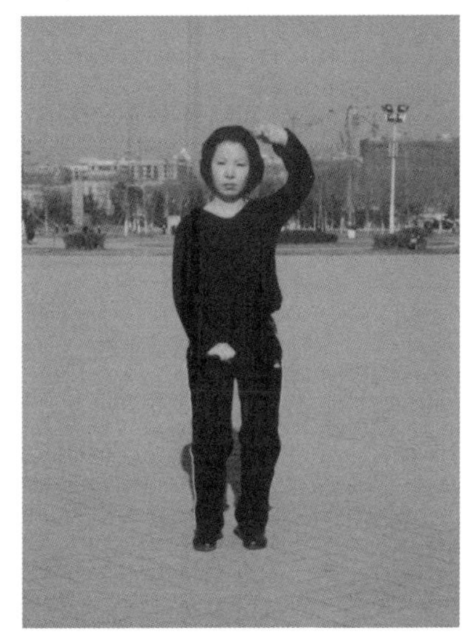

圖八：霄壤雲泥（一）

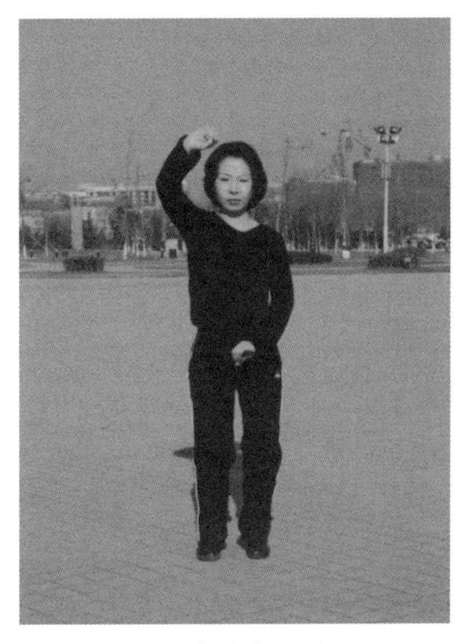

圖九：霄壤雲泥（二）

乙、泰山升氣

身體直立，全身放鬆。兩腳站自然步如前。面向前方，眼平前視。

啟動時，兩手握拳，抱於兩肋旁。拳心向上。繼而鬆開兩拳變掌。鬆腕立兩掌，兩掌指尖向上。掌心相對，再以兩掌指尖引領兩掌向體前上升。要求：指、掌、腕、肘逐節升起，升至掌高與眉齊。此時兩掌心虛相對，十指皆鬆開，勿緊攏。十指尖蓄意向外上升意。如拳論要求：「仰之則彌高」。（如圖十）

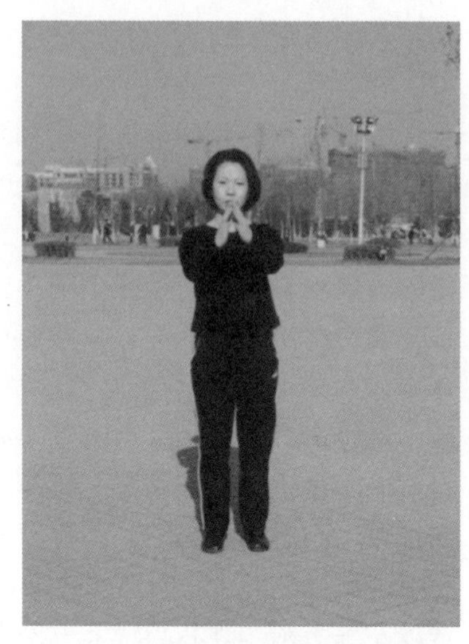

圖十：泰山升氣

然後兩掌與軀幹保持不動。由腳、而腳腕、而膝、而胯、而腰腹逐節下降，直至身體下蹲至極限。臀部貼於兩腳跟。兩肘貼於兩膝頭之外側為度。此時調勻呼吸。以三息、六息、漸至十二息為練功時限。收功時，虛領頭頂，升視線。挺兩膝站立如初。雙掌亦隨身體升起，位於頭之前方。繼之鬆垂兩肘，兩掌分開貼於兩胯旁，掌心向下。再鬆攏雙掌變拳抱肋。然後再鬆開變掌下垂，還原。（如圖十一）

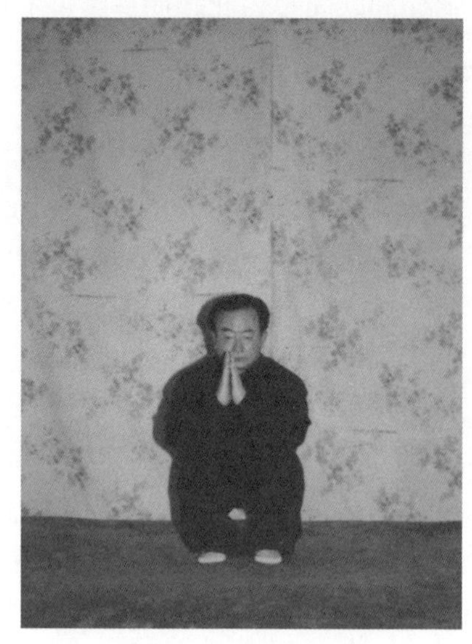

圖十一：泰山升氣

丙、海底珍珠

此功之動作與要求與泰山升氣相同惟身體下蹲調完氣息之後，兩掌自左、右分開，垂兩小臂，兩掌置於左、右兩腳旁。掌心向下，指尖向前。然後兩掌鬆腕以食指引領分向兩腳之後方旋腕磨掌 180°。兩掌指尖磨向兩腳跟，指尖向後。如拳論要求：「俯之則彌深」。稍停二至三秒後，雙掌鬆攏握拳。如抓提重物。（如圖十二）

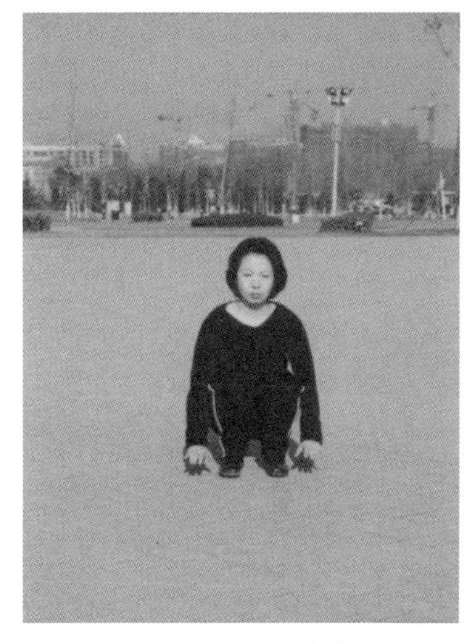

圖十二：海底珍珠

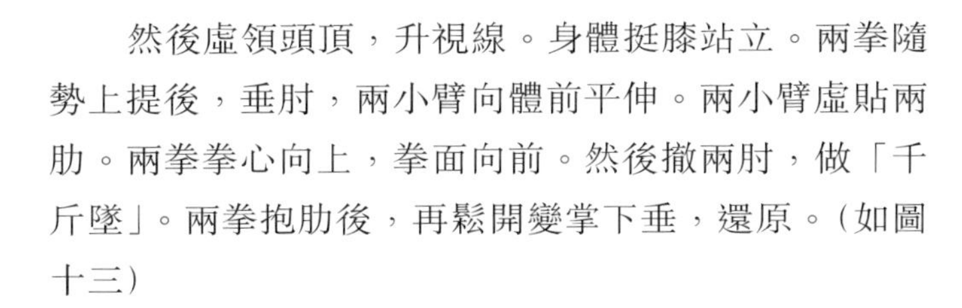

然後虛領頭頂，升視線。身體挺膝站立。兩拳隨勢上提後，垂肘，兩小臂向體前平伸。兩小臂虛貼兩肋。兩拳拳心向上，拳面向前。然後撤兩肘，做「千斤墜」。兩拳抱肋後，再鬆開變掌下垂，還原。（如圖十三）

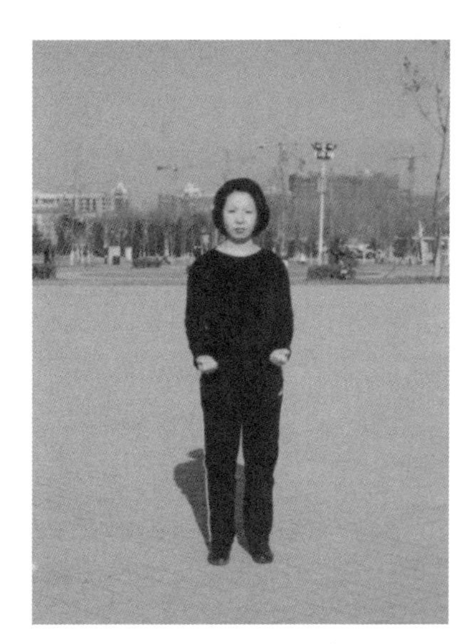

圖十三：海底珍珠

丁、揚鞭提斗

身體直立，全身放鬆。兩腳站自然步。面向前方，眼平遠視。

此功分左、右手兩種功法。如練左手功時，兩手鬆握拳，抱於兩肋旁。右拳不變。左拳鬆開變側立掌，掌心向右，由左肩向頭部左側以指尖上插。以左臂舒展至極限為度。（如圖十四）

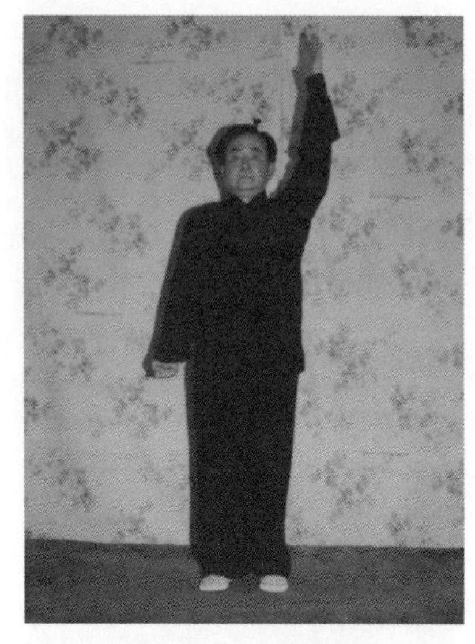

圖十四：揚鞭提斗

然後身體徐徐下蹲至極限。此時右拳仍不變。左臂上揚，左掌指尖向上，掌心向右，蓄意上插。調匀呼吸後，以三息、六息漸至十二息為練功時限。（如圖十五）

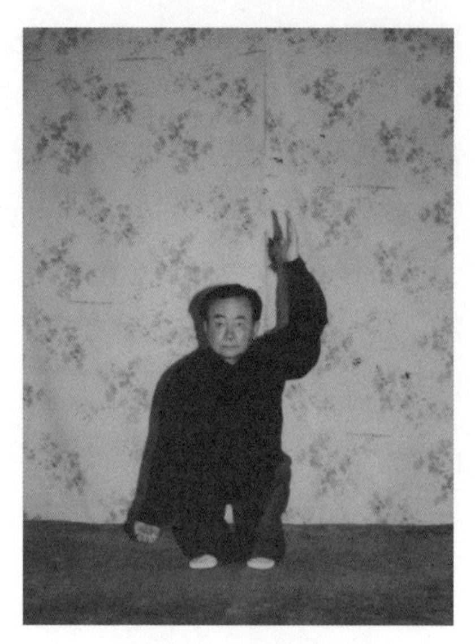

圖十五：揚鞭提斗

然後曲左臂，左掌心向下，過頭部向右肩外方下按。按至右腳旁。掌心向下，指尖向後。此時再磨左掌外圈左臂。左掌經右腳尖及左腳尖，再磨至左腳後方為度。然後左掌鬆攏，上提如抓提重物。繼而虛領頭頂，升視線。挺兩膝站立如前。左拳隨勢上提。垂左肘，左小臂向前平伸，虛貼於左肋旁。拳心向上，拳面向前。收功時，撤左肘，做「千斤墜」。左拳抱肋後，兩拳鬆開變掌下垂，還原。

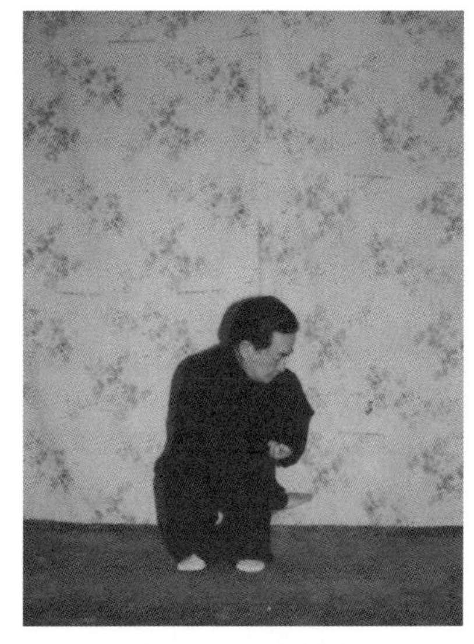

圖十六：揚鞭提斗

如練右手功時，動作與要求如左手功。惟左、右手互換。（如圖十六、圖十七）

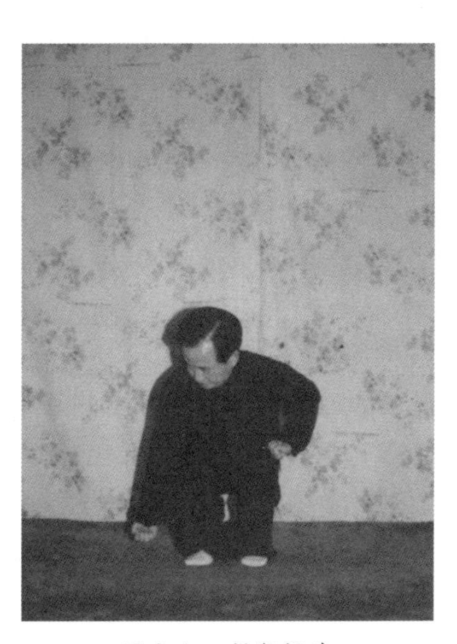

圖十七：揚鞭提斗

（3）高四功

甲、左右裕如（又名東擋西殺）

身體直立。全身放鬆。兩腳站自然步。面向前方。眼平前視。

練時先將腿向左或向右橫邁一步。蹲身成馬步勢。馬步兩腳間距為兩個橫腳寬。兩手鬆握拳，抱於兩肋旁。鬆兩腕兩拳拳心翻向下。再以兩拳引領向體前平伸兩臂。兩臂伸至極限，高與肩平。寬與肩寬。兩拳眼相對，拳心向下。拳面外頂。然後兩臂、兩拳保持原狀不變。旋腰，身體向左側旋 45°。此時右臂在上，左臂在下。兩拳眼仍上下相對。掩左肘，貼近左肋旁。繼而兩拳連同兩小臂，倏忽向左後方（勿超過左胯）發勁。勁要輕脆，一搧擊即止。兩拳搧擊後，連同兩小臂經 45° 處，還原至正前方。（如圖十八）

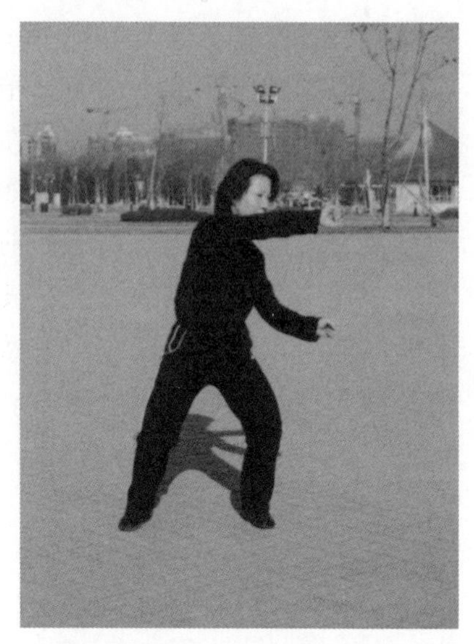

圖十八：左右裕如（左）

兩臂仍平伸。兩拳眼相對，拳心向下如前。此時調勻呼吸，稍停二至三秒後，再以兩拳引領，先旋腰至右側 45° 處。左臂在上，右臂在下。兩拳眼上下相對。掩右肘，貼近右肋旁。繼而兩拳連同兩小臂，倏忽向右後方(勿超過右胯)發勁。勁要輕脆，一搧擊即止。兩拳搧擊後，連同兩小臂經 45° 處，還原至正前方。兩臂仍平伸，兩拳眼相對，拳心向下如前。如上左、右側反復練功若干次後，待兩臂回至體前時再收功。收功時先翻擰兩拳。拳心翻轉向上。撤兩肘，做「千斤墜」。兩拳抱肋後，再鬆開變掌。收步成自然步。兩掌下垂。還原。（如圖十九）

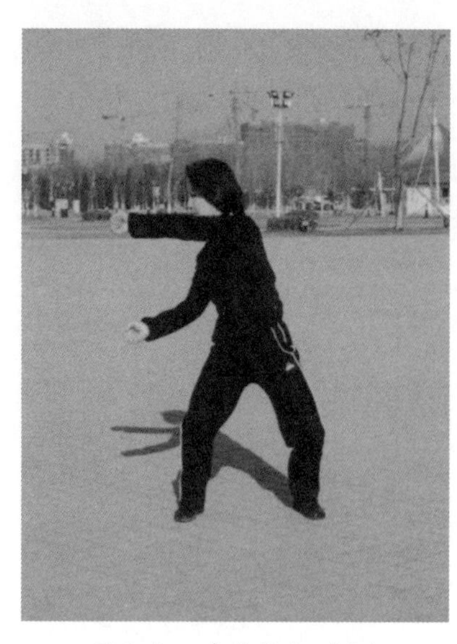

圖十九：左右裕如（右）

乙、小撼山

身體直立，全身放鬆。兩腳站自然步。面向前方，眼平前視。

練者先將腿向左或右方橫邁一步，蹲身成馬步勢。馬步兩腳間距為兩個橫腳寬。兩手握拳，抱肋。然後兩拳鬆腕拳心翻轉向下。再以兩拳引領兩臂向體前上方提舉。兩臂在頭上方伸展至極度。拳心向前。兩拳眼相對。拳面上頂。兩臂間距為肩寬。繼而以兩拳引領兩臂向身體左側由上而左同時伸展。脊椎、腰椎亦向左側彎曲。頭部隨勢左枕。左耳向下，右耳向上，眼側視。此時左肘掩貼在左肋旁。兩臂兩拳間距保持不變。兩臂舒展至極限。拳面外頂。兩拳眼仍上下相對。待完成三息後，再以兩拳引領兩臂向頭上方還原。此時脊椎、腰椎、頭面亦還原到正前方。（如圖二十）

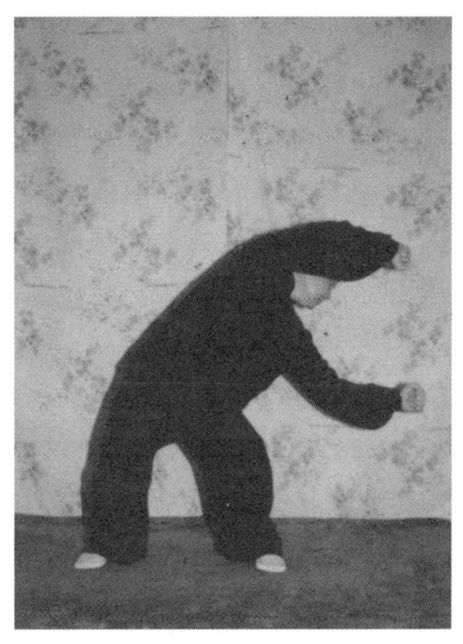

圖二十：小撼山（左）

兩臂仍高舉。稍停二至三秒鐘後，再以兩拳引領兩臂向身體右側由上而右同時伸展。身體亦向右側彎曲。如前述之左側勢。待完成三息後，再以兩拳引領兩臂和身體，還原至正前方。兩臂兩拳仍高舉如前。如此反復若干次。收功時，兩臂同時向體前下按。兩臂平伸後，翻擰兩拳。拳心翻轉向上。撤兩肘，做「千斤墜」。兩拳抱肋後，變掌下垂，收步還原。（如圖二十一）

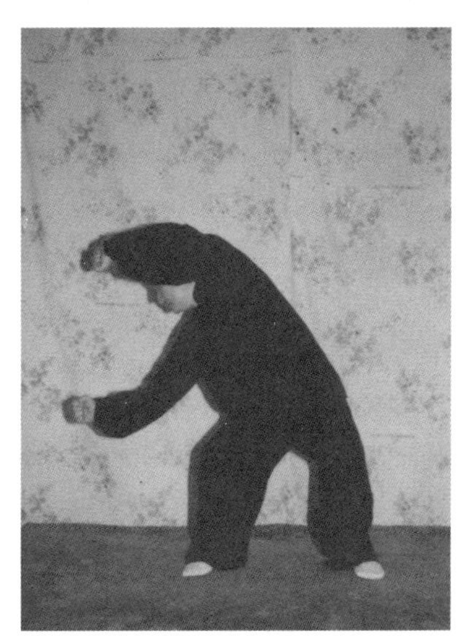

圖二十一：小撼山（右）

丙、大撼山

身體直立，全身放鬆。兩腳站自然步。面向前方，眼平前視。

練者將腿向左或向右橫邁一步，蹲身成馬步勢。馬步兩腳間距為兩個橫腳寬。兩手握拳，抱肋。然後兩拳向內下翻拳。拳心翻向下。以兩拳引領提舉兩臂至頭上方。伸展至極限。兩臂寬度與肩寬。拳心向前。拳面上頂。兩拳眼相對。鬆腰腹身體向前俯身。兩膝挺直勿曲。兩拳面觸地後，調勻呼吸。稍停二至三秒。此時再鬆腰腹，涮腰。身體隨腰由左逐漸涮至後方。此時腰椎、脊椎、頭面向體後反背。仰面朝天。兩拳兩臂向後反背伸展至極限。拳心向上。兩拳眼仍相對。挺兩胯、舔兩胯，身體成反弓勢。調勻呼吸後，以三息為時限。繼而以兩拳引領，繼續向右側涮腰。身體經右方涮至正前方為止。此時身體前俯。兩臂下垂。兩拳面觸地。至此身體由左而後而右而前共旋轉360°。調勻呼吸，稍停二至三秒後。再以兩拳引領身體涮腰。由右而後。仰面朝天。身體反弓。兩拳兩臂向後高舉，伸展至極限。拳心向上，兩拳眼相對。調勻呼吸，再以三息為時限。繼而以兩拳引領，繼續向左側涮腰。身體經左方涮至正前方為止。此時身體前俯。兩臂下垂。兩拳面觸地。至此身體由右而後而左而前共回旋360°。調勻呼吸，稍停二至三秒後，可反復練功若干次。收功時立身。曲兩膝、收兩胯變馬步勢。此時兩臂平伸於體前。翻擰兩拳。拳心翻向上。撤兩肘，做「千斤墜」。兩拳抱肘後，變掌下垂，收步還原。（如圖二十二、圖二十三）

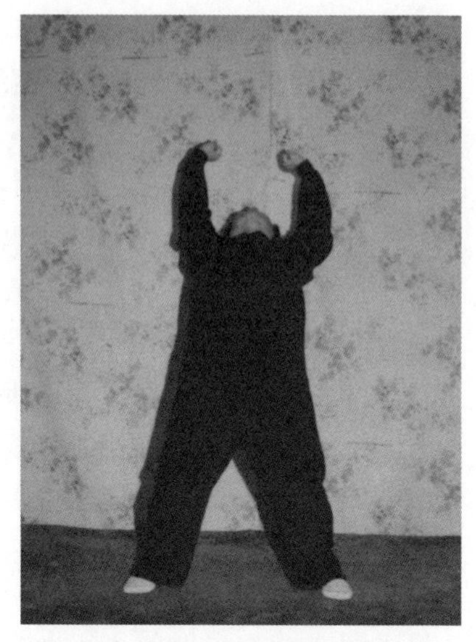

圖二十二：大撼山（前）

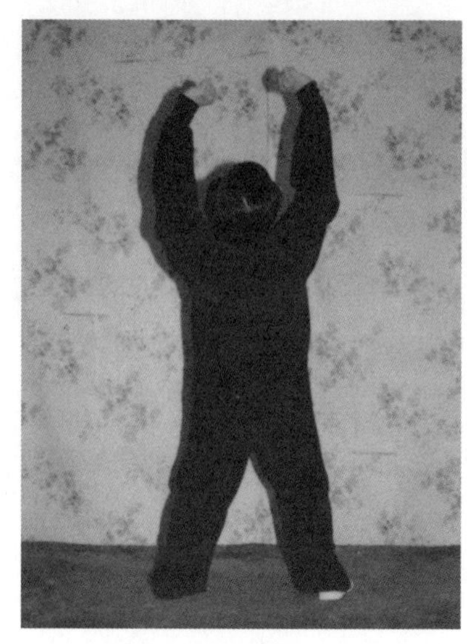

圖二十三：大撼山（後）

丁、七寸靠

身體直立，全身放鬆。兩腳站自然步。面向前方，眼平前視。

兩手握拳，抱肋。然後兩拳內下鬆開變掌。掌心向下。以兩掌引領向體前圈攏兩小臂。兩掌指尖相對，掌心下按，止於胸前。（如圖二十四）

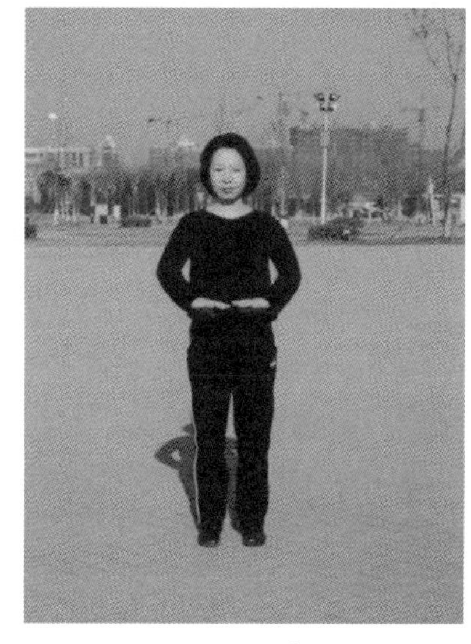

圖二十四：七寸靠（開式）

繼而兩臂兩掌不動，迅速蹲身，腿向左或向右出仆步。即一腿向側方伸直下仆。另一腿曲膝下蹲。重心在下蹲腿。兩腳尖皆向前。兩腳間距約三個橫腳寬。此時身體向左側旋轉約 90°。兩掌兩臂不變。隨勢以兩掌引領身體向左側以左肩靠擊。位置在對方小腿外側之七寸處。隨勢長腰弓左膝，變左弓步勢。兩掌向頭外上方舒臂伸展。掌心向外。指尖相對不變。調勻呼吸後，以三息為時限。（如圖二十五）

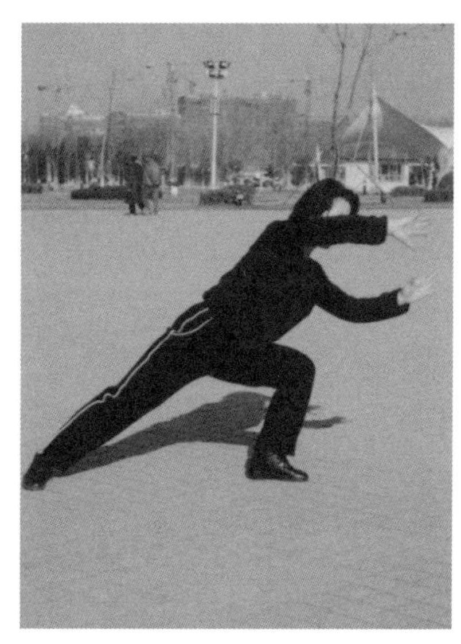

圖二十五：七寸靠（左）

然後微扣左重心腳，折收左胯。身體下坐成右仆步勢。曲右肘，以兩掌引領向右側以右肩靠出。位置仍靠對方小腿外側七寸處。隨勢長腰弓右膝，變右弓步勢。兩掌向頭外上方舒臂伸展。掌心向外。指尖相對不變。調勻呼吸後，以三息為時限。如此左、右靠若干次。（如圖二十六）

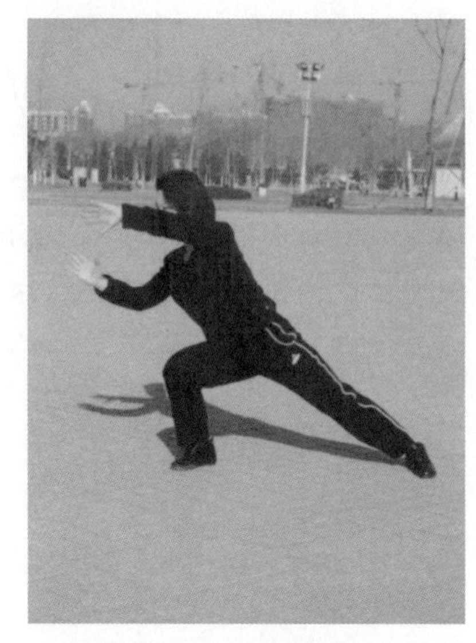

圖二十六：七寸靠（右）

收功時須在左或右弓步勢時，鬆兩肘，兩掌由側立掌變平掌下按。止於重心腿前。趁勢疾收步。將仆出之腿迅速回收。變為自然步。挺膝直立。兩掌變兩拳抱肋。再鬆拳變掌下垂，還原。（如圖二十七）

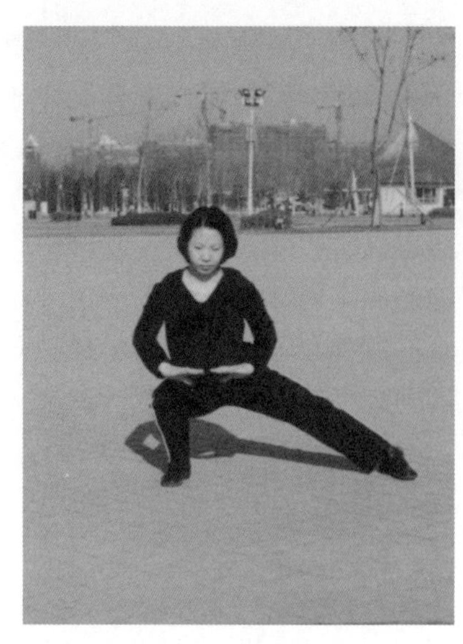

圖二十七：七寸靠（收式）

勁功

（1）手功

甲、左右彈抖（又名直抵黃龍）

身體直立，全身放鬆。兩腳站自然步。面向前方，眼平前視。練者將腿向左或向右橫邁一步。兩腳間距為兩個橫腳寬。曲膝蹲身成馬步勢。本勁功分單手操功和雙手操功兩種。如操左單手功時，右手拳抱肋不動。左手拳鬆開向下變側立掌。掌心向右。指尖向下。然後鬆提左腕，對正左肩，向前、向上、向後提左腕至肩前。此時之左小臂曲肘回收。左掌食指尖上揚。再以左食指尖引領，由下向上、向前舒伸小臂，發輕脆之勁彈抖。發勁時食指尖下扣。左腕與肩平。勁一發即回。復曲左肘、提左腕至左肩前，然後繼續彈抖。如此反復若干次。如操右手功時，則左拳抱肋。右拳變掌如左手般操彈抖功。如操雙手功時，則抱肋之雙拳皆變側立掌。同時同步以雙掌操彈抖功。

收功時，則雙手皆變拳抱肋。收步成自然步。再鬆拳變掌下垂，還原。

乙、左右粘黏

身體直立，全身放鬆。兩腳站自然步。面向前方，眼平前視。練者將腿向左或向右橫邁一步。蹲身成馬步勢。兩腳間距為兩個橫腳寬。雙手握拳抱肋。本勁功分左右單手粘黏和雙手粘黏兩種操功。如操左單手功，右拳抱肋不動。鬆左肘。揚左小臂。左拳變掌向右前外方 45°處，以掌心向右下方凸吐掌心。一觸即吸掌心如沾物。勁要輕脆。迅即回收左小臂攏左掌五指。回收至左肩前。掌變拳抱肋。然後換右手粘黏。鬆右肘。揚右小臂。右拳變掌向左前外方 45°處，以掌心向左下方凸吐掌心。一觸即吸掌心如粘物。勁要輕脆。迅即回收右小臂攏右掌五指。回收至右肩前。掌變拳抱肋。如此反復一左、一右若干次。雙手粘黏功，練者站自然步。左或右腳向前邁一步。前腳直，後腳斜向 45°。前腳跟與後腳尖之間距為一立腳長。兩腳站在一條直線的裡外側。重心在兩腳。抱肋之兩拳鬆開變兩掌。掌心向下。五指舒伸。以左掌或右掌在前；右掌或左掌貼左小臂或右小臂。兩小臂向體前平伸，對正左肩或右肩。雙掌一前一後同時同步向前下方凸吐兩掌心。一觸即吸雙掌心如粘物。勁要輕脆。迅即攏兩掌手指，回收雙小臂至肩前。兩手半握拳，鬆垂於體前。如此反復以兩掌操粘黏勁若干次（注意：此勢必須做順步勢。即左掌在前時，左腳亦在前。操勁如左、右換手時，亦必須換左、右步，以成為順步勢）。

收功時，單手粘黏時，將馬步回收一

步。成自然步。雙拳抱肋。再變掌下垂，還原。雙手粘黏時，兩手下落抱肋。回收一步成自然步。雙拳變掌下垂，還原。

丙、旋腕獻桃

身體直立，全身放鬆。兩腳站自然步。面向前方，眼平前視。練者先向左或右方橫邁一步。蹲身成馬步勢。馬步兩腳間距為兩個橫腳寬。雙掌攏拳，抱肋。本功用左、右手輪換用腕向正前方抖擊。如先操左手時，右拳抱肋不動。左拳鬆開變掌。將左掌平移至胸前。掌心向上。五指鬆開。先以小指引領以腕為軸，五指依次由前而內而後平掛。繼之再以小指引領，五指依次向下攏鈎。迅即用腕向正前上方斜向抖擊。腕擊與鼻高。對正鼻之正前方。一擊即鬆，勁要輕脆。然後撤左肘，回落左小臂。左掌鬆攏拳抱肋。繼而右抱肋拳變掌。平移至胸前。如上述之左掌般，以右掌五指依次平掛、下鈎。再以右腕斜向抖擊。然後撤右肘，回落右小臂。右掌鬆攏拳抱肋。如此左、右手輪換抖擊若干次。

收功時，雙拳抱肋後，回收一步。變自然步。再鬆兩拳變掌下垂，還原。

丁、扭轉下搗

身體直立，全身放鬆。兩腳站自然步。練者先將腿向左或右方橫邁一步。蹲身成馬步勢。馬步兩腳間距為兩個橫腳寬。兩掌攏拳抱肋。操功時左拳下鬆變掌。掌心向下。左小臂向胸前平伸。左掌背向上。以左掌小指引領，五指依次由前而外而後，旋腕平刁。刁後迅速攏五指向下旋腕擒拿。左小臂貼左肋。左攏掌以食指尖向右斜上方45°處，串鎖拿嚴。此時鬆右拳變掌。右掌側立。掌心向左。右小臂向左斜上方迅速舒伸。然後用右掌下側向下向後發勁搗切。兩掌拿切後。變拳抱肋。繼而右抱肋拳下鬆變掌。掌心向下。右小臂向胸前平伸。以右掌先刁而後擒串。左拳變側立掌。以掌下側向下向後發勁搗切。兩掌拿切後。變拳抱肋。如上左、右手輪換若干次。

收功時，雙拳抱肋後。回收一步變自然步。再鬆開雙拳變掌下垂，還原。

戊、拿舔手

身體直立，全身放鬆。兩腳站自然步。面向前方，眼平前視。練者將腿向左或向右橫邁一步。蹲身成馬步勢。馬步兩腳間距為兩個橫腳寬。兩手握拳抱肋。此功分左、右手輪換操練和雙手同時同步操練兩種。練單手時，左拳鬆開變掌。掌心向下。坐左腕，左掌以小指引領，五指依次向左向外再向下外掛鎖拿。翻垂左腕。五指捏攏，翻轉掌心向上。然後鬆開五指，舒伸左小臂。左手向前上方反掌舔擊。腕與肩高。對正左肩。舔擊發勁要輕脆。一擊即撤肘，左掌變扣拳掩肋。左掌拿舔時右拳抱肋不動。待操右手時，動作與要求與操左手時相同。惟左、右手互換。如上輪換若干次後，回收一步變自然步。掩肋之雙手變掌下垂還原。雙手操練時，左右兩手動作與要求與單手操練相同。惟雙手操練時，必須同時同步。

收功時，回收一步變自然步。掩肋之雙手變掌下垂，還原。

己、左右搓打(又名一聲雷、腦後風)

身體直立，全身放鬆。兩腳站自然步。面向前方，眼平前視。將腿向左或向右橫邁一步。蹲身成馬步勢。馬步兩腳間距為兩個橫腳寬。練功時，兩手握拳抱肋。先以左拳引領提舉左小臂。左拳提至左肩前。拳心向前。拳面向上。拳與耳高。然後鬆開左拳變掌。以左掌掌心向右前下方45°處，迅速發勁搓打。搓打時可以長腰。微向右腿移重心。發勁要脆遠。一發即回。左掌回收攏指變拳抱肋。重心須還原至兩腳如馬步。然後操右手。右拳向體前提舉變掌。向左前下方45°處，迅速發勁搓打。如此左、右手反復操功若干次。

收功時，兩拳抱肋。回收一步成自然步。再鬆兩拳變兩掌下垂，還原。

庚、玉女投針

身體直立，全身放鬆。兩腳站自然步。面向前方，眼平遠視。本功之步型為自然步。練功時，鬆腰腹，收胯，曲兩膝，身體蹲坐似坐椅狀。重心平均在兩腿。兩手握拳抱肋。先操左手，左拳下鬆，向下舒鬆左小臂至極限。拳心向前。鬆開左拳變掌。五指下展。掌心向前。左掌向右前斜向45°處，展臂、長腰，以掌心下撩如投物。勁要輕脆，一發之後，迅即撤左肘，翻左掌變側立掌。大指向上。以左掌側向左、向下、向後下剁。勁要輕脆。然後鬆攏左掌變拳，回拳抱肋。繼而再換操右手。動作與要求如操左手般。惟左、右手互換。如上反復若干次後，兩拳抱肋。立腰。蹲坐如初。

收功時，挺膝。身體直立。鬆開抱肋之兩拳。變掌下垂，還原。

辛、斬鋼截鐵

身體直立，全身放鬆。兩腳站自然步。面向前方，眼平前視。練功時兩掌變拳抱肋。將左腳或右腳向前邁出一步。前腳直、後腳斜向45°。前腳跟至後腳尖之間距為一腳長。兩腳站在一條直線的裡外側。重心在兩腳。然後兩小臂前伸。左、右兩拳變側立掌。左掌在前時，左掌心向右；右掌在後掩左肘。掌心向左。兩臂鬆兩肘，以兩側立掌之掌側同時同步向前向下方截斬。雙掌一斬即回。勁要輕脆。截斬後之雙臂鬆肘復回立於左肩前。然後繼續再以雙掌側向前向下截斬。如此反復若干次。兩掌變拳抱肋。回收一步成自然步。再鬆拳變掌下垂，還原（注意：此勢必須做順步勢。即如左掌在前時，左腳亦須在前）。繼而換出右腳向前邁一步如左勢。兩掌側立。右掌在前，左掌在後掩右肘。雙側立掌以掌側向前向下發勁截斬。如此反復若干次（注意：此右勢亦須站順步勢）。

收功時右前腳回收一步成自然步。兩掌變拳抱肋。再鬆拳變掌下垂，還原。

壬、啄勁功

身體直立，全身放鬆。兩腳站自然步。面向前方，眼平前視。練者先將左腳或右腳向側方橫邁一步。蹲身成馬步勢。馬步兩腳間距為兩個橫腳寬。兩手握拳抱肋。練左手功時。鬆左腕。左拳心翻向下。右拳抱肋不動。左腕向前上提，垂肘，左小臂立於左肩前。提左腕時，五指鬆開下垂。再捏攏五指變梅花鉤（五指聚攏，指尖呈梅花瓣型）。繼而以鉤尖向前方平啄。形如啄木鳥之啄木狀。連發數勁後，再鬆開五指變掌。繼續以五指尖向前點擊、復用五指之二、三骨節向前擊打、再用掌骨及掌心向前推擊、最後用掌根及腕向前下方按出。由啄到按必須連擊不斷。勁要輕脆。按掌後撤左肘。回收左小臂。左掌鬆攏拳抱左肋。繼而練右手功。左拳抱肋不動。右拳變掌捏梅花鉤。發啄、點、擊、推、按諸勁。動作與要求如左手功。雙手操啄勁功時，動作與要求如單手功。惟兩手必須同時同步。操單手功左、右手可輪換若干次。操雙手功即雙手反復操功若干次。

收功時，雙拳抱肋後，回收一步成自然步。再鬆拳變掌下垂，還原。

癸、杈子手（插手功、又名連三捶）

身體直立，全身放鬆。兩腳站自然步。面向前方，眼平前視。練者以左腳或右腳向前直出一步。後腳跟進併於前腳旁。前腳直、後腳斜向 45°。兩腳腳跟虛靠攏。成併步連枝步勢。身體蹲坐。重心在兩腳。操功時，如左手先出，以左手五指尖向正前方舒臂點插。繼而迅速以右手經左手腕向前換插。左手鬆肘回撤。迅速用左手經右手腕再向前換插。左、右、左手連插三下。稍停頓後，復做三插。如此反復若干次。如右手先出，亦如上述動作。以右、左、右手點插三下。反復若干次。如以三插掌變更為三平拳或三立拳前擊，則名為「連三捶」。又如：杈子手左右手互換時，兩手皆由下而上換，稱正杈子手。如兩手皆由上而下換，稱反杈子手。如兩手左右橫向插換，稱橫杈子手。如兩手左右向下換插時，稱下杈子手。如左手在前，左腳在前時稱順步勢。如左手在前、右腳在前時稱拗步勢。

此功收功時，後腳前上一步成自然步。兩掌下垂，還原。此功如與連枝步功同操，則可收一舉兩得之效益。

（2）腿功

甲、左右斜彈

身體直立，全身放鬆。兩腳站自然步。兩腳間距為一立腳寬。面向前方，眼平前視。此腿功分左、右斜踢兩腿功。輪換交替進行。練功時，身體寂然不動。兩臂自然下垂。如先踢左腿，則移重心於右腿。曲右膝成右坐步勢。然後鬆左胯、提左膝。左小腿下垂。鬆繃左腳面。以腳面向左前外方45°處，鬆勁斜向彈踢。彈踢對方小腿七寸處。勁要輕脆。一踢即回。左腳回落於右腳旁。移重心於左腿。曲左膝成左坐步勢。然後鬆右胯、提右膝。右小腿下垂。鬆繃右腳面。以腳面向右前外45°處，鬆勁斜向彈踢。彈踢對方小腿七寸處。勁要輕脆。一踢即回。右腳回落於左腳旁。如此反復若干次。

收功時，重心移於兩腿。成自然步。挺身直立，還原。

乙、左右鈎踢

身體直立，全身放鬆。兩腳站自然步。兩腳間距為一立腳寬。面向前方，眼平前視。此腿功有左、右兩鈎踢功。在一勢內輪換交替操練。練功時，如先踢左腿。則先移重心於右腿。曲右膝成右蹲坐勢。身體寂然不動。兩臂自然下垂。然後鬆左胯、提左膝。左小腿下垂。以左腳大趾向上鈎挑、蹬左腳跟。左腳大趾向右前外 45°處，由下向上鈎踢。左腿鬆直。鈎踢對方小腿七寸處。踢左腿時，重心移於右腿蹲坐。鈎踢後，迅速放鬆左腳面。提左膝，將左小腿抽回。左腳落於右腳旁。成左蹲坐勢。然後鬆右胯、提右膝。右小腿下垂。以右腳大趾向上鈎挑、蹬右腳跟。右腳大趾向左前外45°處，由下向上鈎踢。右腿鬆直。鈎踢對方小腿七寸處。踢右腿時，重心移坐於左腿。鈎踢後，迅速放鬆右腳面。提右膝，將右小腿抽回。右腳落於左腳旁。如此反復鈎踢左、右兩腿若干次。

收功時，重心移於兩腳。成自然步。挺身直立。還原。

丙、鈎掛外旋

身體直立，全身放鬆。兩腳站自然步。兩腳間距為一立腳寬。面向前方，眼平前視。此腿功有左、右兩腿功於一勢之中。如先踢左腿，則先移重心於右腿。曲右膝成右蹲坐勢。身體寂然不動。兩臂自然下垂。然後鬆左胯、提左膝。左小腿下垂。左腳大趾向上鈎挑。蹬左腳跟。以左腳大趾向右前外 45°處，由下向上鈎踢。左腿鬆直。鈎踢對方小腿七寸處。勁要輕脆。鈎踢後，鬆左腳面。以左腳跟引領向左外旋左腿。左腳跟外拐至左前外方45°處為度。繼而迅速鬆垂左腳面。提左膝。將左腳落於右腳旁。此時再移重心於左腿。成左蹲坐勢。鬆右胯、提右膝。右小腿下垂。右腳大趾向上鈎挑。蹬右腳跟。以右腳大趾向左前外 45°處，由下向上鈎踢。右腿鬆直。鈎踢對方小腿七寸處。勁要輕脆。鈎踢後，鬆右腳面。以右腳跟引領向右外旋右腿。右腳跟外拐至右前外方45°處為度。繼而迅速鬆垂右腳面。提右膝。將右腳落於左腳旁。如此左、右腿反復鈎掛若干次。

收功時，重心移於兩腳。成自然步。挺身直立，還原。

丁、盤踢鈎掛

身體直立，全身放鬆。兩腳站自然步。兩腳間距為一立腳寬。面向前方，眼平前視。此腿功有左、右兩腿功於一勢之中。如先踢左腿，則先移重心於右腿。曲右膝成右蹲坐勢。身體寂然不動。兩臂自然鬆垂。然後鬆左胯、提左膝。左小腿下垂。鬆繃左腳面。以腳面向左前外方 45°處，鬆勁斜向彈踢。彈踢對方小腿七寸處。勁要輕脆。然後鬆左胯、左膝左腿向外翻展。左腳以大趾引領亦外翻。腳內側翻向上。再以左腳跟向右向後經右重心腿內側七寸處，向體後盤掛。當左腿向後盤掛至極度時，此時左腳尖轉向前。左腳心向下平踏。以左腳跟向體後左外方45°處蹬出。腿要蹬直。勁要輕脆。蹬腳後迅速鬆提左膝，抽回左腳落於右腳旁。繼而移重心於左腿，曲左膝成左蹲坐勢。然後鬆右胯、提右膝。右小腿下垂。鬆繃右腳面。以腳面向右前外方45°處，鬆勁斜向彈踢。彈踢對方小腿七寸處。勁要輕脆。然後鬆右胯、右膝右腿向外翻展。右腳以大趾引領亦外翻。腳內側翻向上。右腳跟向左向後經左重心腿內側七寸處，向體後盤掛。當右腿向後盤掛至極度時，此時右腳尖轉向前。右腳心向下平踏。以右腳跟向體後右外方45°處蹬出。腿要蹬直。勁要輕脆。蹬腳後迅速鬆提右膝，抽回右腳落於左腳旁。如此左、右腿反復鈎踢盤掛若干次。

收功時，重心移於兩腳成自然步。挺身直立。還原。

（3）身步功

甲、十三勢連枝步功（九宮八卦連枝步）

太極功十三勢之步法，除在行功有如：弓步、坐步、馬步、仆步、虛丁步、獨立步……等步法之外，在太極功裡最基本的步法是連枝步。連枝步法，輕靈奇巧、變轉圓活。進退轉換、出神入化。連枝步的基本形態是：一腳直、一腳斜向45°。兩腳跟虛相靠攏。如樹木之枝椏狀。故名連枝步。又因兩腳虛相併。故又名併步連枝。如按照太極功十三勢之變化。任意走轉。一氣呵成。步步相連不斷。故又名同氣連枝。又如跟步連枝，係前腳直走，後腳斜跟。仍如枝椏狀，謂之跟步連枝。過步連枝係前腳斜上45°。後腳過前腳直上。仍如枝椏狀，謂之過步連枝。虛丁連枝係一腳斜站。另一腳虛腳跟以腳尖丁立於實腳前。或實腳側。謂之虛丁連枝或坐步連枝。所有上述之連枝步，前腳跟與後腳尖之最大間距，不可超過一腳長。按練連枝步功時，可與杈子手功（連三捶功）同時操練。可收一舉兩得之效益。

乙、十三勢騰挪閃戰功

騰挪閃戰，是太極功法在體用上重要的功法。也是以十三勢為中心基礎的功法。騰者，騰跳也。挪者，移動轉移也。閃者，避實就虛也。戰者，搏鬥也，走中帶打也。太極功的騰挪閃戰，要四法併用。互變互換。無論身步如何變換，十三勢的基本原則不可背離。練者宜明察之。

太極功之淩空騰跳步，多體現在用架（快拳）之中。如摟膝拗步。練者先做左弓步勢（即左腳在前。右立掌在前。掌對正鼻尖與前腳）。此時挺身，左腳蹬地起跳。右後腳隨即騰起，向前方躍出。右腳尖甫及落地，迅速以足尖踏地再向前彈跳。此時左腳隨勢騰起，再向前方躍出。左腳落地後，右腳跟進，再做左弓步勢如前。該勢之手法為起跳前，右掌發粘黏勁。騰跳時，左、右手連同兩手臂分別向右和向左經兩肩外摟掛。當兩腳落地後，右掌以「點、擊、推、按」四法擊之。用架中之進步栽捶和指襠捶二勢，皆以騰跳步練之。練者可擇任何一勢用單勢反復操練。可收一舉多得之效益。蓋因騰跳之中含戰擊之法也。又如用架（快拳）中的二起腳。又稱二起蹦子。先做右弓步勢。然後右腳蹬地，左腳起跳前踢。未及落地，騰身右腳再起跳前踢。此兩腿倏忽在騰空中完成連踢。兩腳落地時，右腳在前，左腳在後。當右腳甫及落地，迅速橫前右腳，挪身下蹲。再做披身踢腳。二起腳跳起後，左、右手平掌向前下拍擊。挪身落地後，圈攏兩臂，攏兩掌變兩拳。以備變勢。此勢在騰跳之中，含挪身、披身及閃戰之法也。

太極功之身步功有用「旋腕獻桃」和「仙人摘菓」兩手功，配合練習騰挪閃戰功者。練者先站自然步或連枝步。兩掌聚攏手指。舔兩腕。變兩鈎。如以左步向前出一步。然後進身弓左腿。成左弓步勢。同時用左手鈎以左腕向前上方抖擊。即以旋腕獻桃抖擊對方頭面。此時右手鈎掩左肘護肋。一擊之後迅速向後敗身。左前腳趁勢後跳。跳躍中左手鈎向後經胸前向下鈎掛。回手向後鈎掛之動作稱「仙人摘菓」。左手鈎回掛時，右手鈎又向前抖擊。當左腳跳落於右腳後方時。身仍後敗。趁勢右手鈎經胸前向後下鈎掛。做「仙人摘菓」。此時左腳又向前跳。含胸弓身再做左弓步勢。趁勢左手鈎又向前抖擊。如換右手勢時，先做右弓步勢。右手鈎先用「旋腕獻桃」向前抖擊。然後右腳後跳。回右手鈎做「仙人摘菓」。趁勢左手鈎向前抖擊。做「旋腕獻桃」。當右前腳向後跳落於左腳後方時。身仍後敗。趁勢左手鈎後下掛。做「仙人摘菓」。此時右手鈎又向前抖擊。做「旋腕獻桃」。當右腳落地後，迅速出右步。弓身做右弓步勢。如上左、右鈎互用。左、右步互換。反復若干次（注意：當左手鈎在前，左腳在前時為順步勢。反之左手鈎在前，右腳在前時為拗步勢）。收功時，弓步之前腳回收一步。變自然步。鬆兩鈎變掌下垂，還原。

「旋腕獻桃」和「仙人摘菓」二功，在騰挪閃戰身步功中，亦可做向左或向右的橫向騰跳挪步。練者可站自然步或連枝步。然後以左腳或右腳，向左或向右騰挪一步。另一腳迅速向跳出之步併攏。仍成為自然步或連枝步。當身體騰挪時，以兩手之鈎用腕向左前上方或右前上方，連續換擊三次。即前擊時用「旋腕獻桃」。回掛時用「仙人摘菓」。如此向左或向右反復若干次。待成自然步時，兩鈎變掌下垂。還原。騰挪閃戰之方向，可多向變化。如身步可進、可退、可横、可斜。練者宜明察之。

四、太極功氣功

太極功中的氣功，不同於一般的氣功。它是為練太極功而練的氣功，也是因練太極功而產生出來的氣功。太極功裡的氣功要分四個階段去練，即養、蓄、運、使這四步功夫。必須循序漸進。不可急於求成。練者宜慎行之。太極功練的氣功如下：

1. 蟬靜聽風

身體直立，全身放鬆。兩腳站自然步。面向前方，眼平前視。

練者向左或向右橫邁一步。蹲身成馬步勢。兩腳之內側與兩肩之外側寬度略同。雙手握拳抱於兩肋旁。啟動時鬆開兩拳變兩立掌。以指尖引領升至體前。兩掌合攏。掌心虛相對。十指鬆開。指尖上指。指尖高與眉齊。此時身向前俯。折收兩胯。鬆腰腹。下肢不動。上身俯於兩股之上。頭、頸、脊背、臀部俯成水平為度。然後以十指尖引領經胸、腹向襠下後方插兩掌。此時兩掌仍虛合。十指在襠下方後指。調勻呼吸後，鬆坐兩腕。兩掌指尖下沉之後，兩掌指尖調頭回插。復經腹、胸向體前平插兩掌。待兩掌由胸前引伸出頭頂後。兩掌側立分開。兩掌分別對正左肩和右肩。向體前平伸兩臂。至極限為度。此時，兩肩嵌於兩小腿中間。兩肩外側鬆貼於兩膝裡側。兩臂與身體俯伏成水平為度。兩掌左、右相對。眼前下俯視。此時周身內外鬆淨。兩耳似聽風。洞察入微。呼吸調勻後。以三息、六息漸練至十二息為練功時限。(如圖二十七、圖二十八)

收功時，攏兩臂。虛合兩掌。反轉兩腕。以兩掌返回胸前插襠。兩掌插襠後。復調回兩掌經腹、胸合於體前。繼而立身仍蹲坐於兩腿之上。成馬步勢。兩掌變兩拳。撤兩肘。兩拳抱肋後。變兩掌下垂。回收一步成自然步。還原。

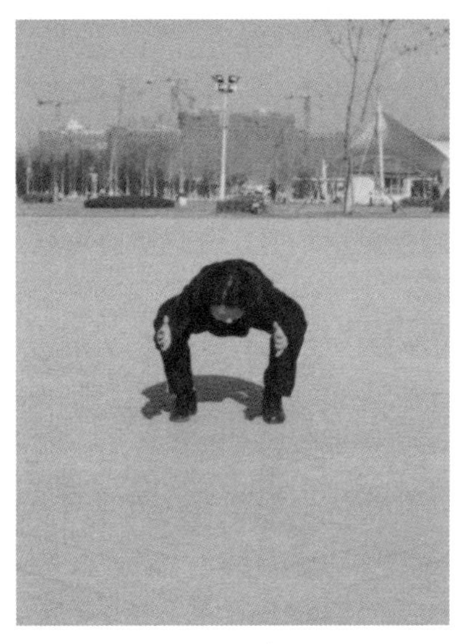

圖二十七：蟬靜聽風（正面）

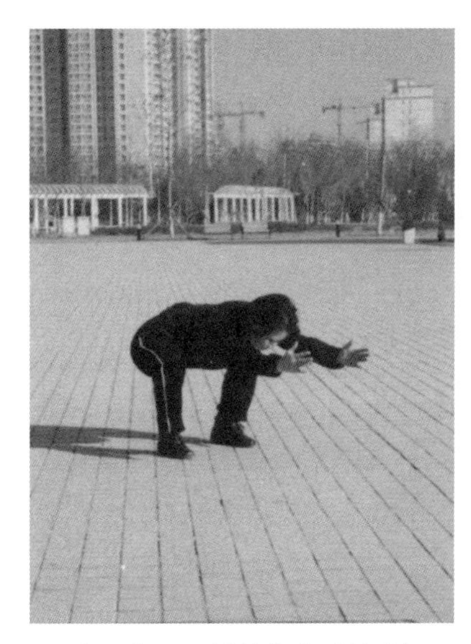

圖二十八：蟬靜聽風（側面）

2. 龜腹調息

身體直立，全身放鬆。兩腳站自然步。面向前方，眼平前視。

練者向左或向右橫邁一步。蹲身成馬步勢。兩腳之內側與兩肩之外側寬度略同。雙手握拳抱肋。鬆拳變立掌。兩掌以指尖引領升至體前。兩掌相合。掌心虛相對。十指鬆開。指尖上指。指尖高與眉齊。此時身向前俯。折收兩胯。鬆腰腹。下肢不動。上身俯於兩股之上。頭、頸、脊背、臀部俯成水平為度。然後以十指尖引領經胸、腹向襠下後方插兩掌。兩掌插襠後，分開兩小臂，兩掌分別經左、右兩腳跟分向左右前按。將左、右兩掌分按於左、右兩腳面之上。兩小臂圈攏。分別抱於左、右小腿旁。此時兩肩嵌於兩腿中間。兩肩外側鬆貼於兩膝裡側。抬頭。眼平前下視。呼吸調勻後。以三息、六息漸練至十二息為練功時限。（如圖二十九、圖三十）

收功時，鬆開兩掌。回收兩小臂與兩掌仍合攏於襠下。調返指尖，引領兩掌經腹、胸返回體前。兩掌仍虛合。此時立身仍蹲坐於兩腿之上。成馬步勢。兩掌變兩拳。撤兩肘。兩拳抱肋後。變兩掌下垂。回收一步成自然步。還原。

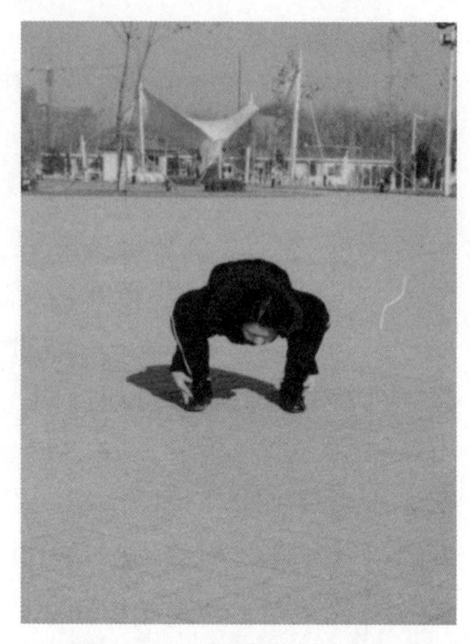

圖二十九：龜腹調息（正面）

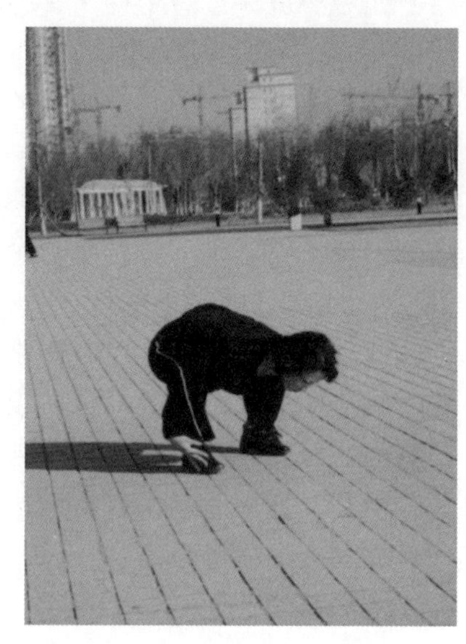

圖三十：龜腹調息（側面）

3. 輕浮鼓盪功

身體直立，全身放鬆。兩腳站自然步。面向前方，眼平前視。

練者將腿向左或向右橫邁一步。兩腳間距為兩個半橫腳寬。蹲身成大馬步勢。兩手握拳抱兩肋。兩拳鬆開變俯掌。掌心向下。指尖向前。兩臂同時向體前平出。伸成水平。兩臂左右分開。兩臂間距為肩寬。此時以左掌或右掌引領兩掌同時同步外旋。兩掌間距不變。如左掌引領兩掌先向左外再向身體左側外旋90°。此時身體亦轉向左側。兩掌心的感覺如浮水面。然後再以右掌引領兩掌，向右外經體前，向右外旋至身體右側。繼而復以左掌引領兩掌，向左外經體前，向左外旋至身體左側。如此反復旋轉若干次。收功時，兩掌止於體前。鬆攏兩掌變拳。鬆擰兩拳。拳心向上。拳面外頂。然後撤兩肘，做「千斤墜」。兩拳抱肋後再鬆開變掌。挺身直立。回收一步。成自然步。兩掌下垂，還原。練鼓盪功時，練法如輕浮功。惟兩掌往返浮動時，輕輕鬆腹。鼓盪內氣。使兩掌呈波浪式起伏。兩掌要同步。幅度應適中。如此反復若干次。然後收功。（如圖三十一、圖三十二）

輕浮鼓盪功中或加練「採」功。「採」為十三勢勁中較重要的功法之一。「採」者輕巧而又有選擇之勁也。故「採」多應用十指發勁。練者可在輕浮鼓盪功中，以兩掌空掌心。坐兩腕。扣十指尖。以十指尖向下呈不順序的扣點。如此扣點隨功法反復若干次。收功時再舒展十指。兩掌放平。依前法還原。

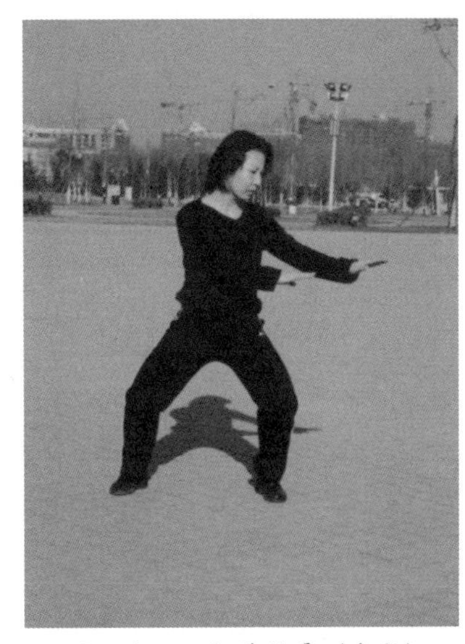

圖三十一：輕浮鼓盪（左式）

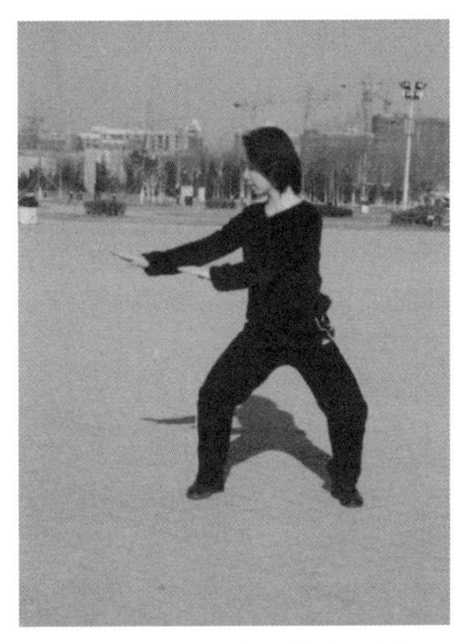

圖三十二：輕浮鼓盪（右式）

4. 全身彈抖鬆功（內轉彈抖鬆功）

身體直立。全身放鬆。兩腳站自然步。兩腳間距為一立腳寬。面向前方。眼平前視。全身彈抖鬆功又稱內轉彈抖鬆功。因並非用力抖擻彈動。而是要將太極功全部功夫，練有小成之後，將太極功運氣的功夫，運用到全身彈抖鬆功之中。或者解釋為：以內氣催動周身而輕彈抖擻。以達到周身上下輕靈、圓活、沉着、順遂。通體貫串，絲毫無間之目的。全身彈抖鬆功，初練時以定步即不動步練習為宜。然後鬆腹，繼而鬆動周身上下，各個關節、韌帶、肌膚。皆自然輕鬆彈抖。節節貫串。行氣如九曲珠。不用「意」導。任其做無規則之彈抖動盪。如欲停止。微用「意」控制。自然鬆停。還原。定步練習純熟之後，可將彈抖盪動移之腳下。則兩腿、兩腳自然前後左右，隨內氣之流行而動。或走轉或騰跳或仆伏或仰起。任其自然。收功時亦如上。以「意」控制。逐漸恢復平靜為止。

結束語：上述的太極功法，似至簡至易。然修煉時卻極艱難深奧。必須擇人而授。非有一定條件者，包括：年齡、學歷、品德、體能、資歷、拳歷、夙慧、機緣等，不可妄傳。太極功人必須具備：萬夫不擋的勇氣、百折不回的毅力、脫胎換骨的精神。沒有或缺少這些優良品質。是練不好太極功的。吳先師生前一再叮囑和告誡練者。他説：「大師可以使人規矩。不能使人巧」。練功沒有捷徑可走。「而其要則在乎練」。先輩們走的路如此。我們也如此。眾學者宜三復斯言。

附：太極功的凌空勁與《凌空勁歌》

凌空勁是太極功中精妙絕倫的擊技。凌空勁的應用，首先必須具備敏鋭的聽覺和感應去遙控對方，即所謂的「離而未發，即能知其將發。彼何處欲動，即能知其將動」。遙控的內容包括對方的意、氣、神。即對方的心理與精神都在遙控之中。凌空勁是以自己強大的氣勢，運用震懾對方的吐氣(如哼哈二氣)、造勢、發聲等方法，誘使對方驚恐、迷惑、失控、眩暈、失重後而自仆。古譜《太極功》即《宋氏家傳太極功源流支派論》中，記載了李道子先師擊俞蓮舟的事跡。李道子先師用的就是凌空勁裡的順失驚手。順失驚手是由正面迎擊對方的打法。清初的蔣發先師擊陳長興時使用的凌空勁，是逆失驚手。逆失驚手是由背面迎擊對方的打法。清晚期楊露蟬、楊班侯、楊少侯諸先師，皆擅長凌空勁的使用。凌空勁是將全部太極功法掌握精純之後，由離勁、空勁、鼓盪勁等各種高級技巧基礎上而練得的。

吳圖南先師曾寫有《凌空勁歌》一章。簡要説明了練凌空勁之程序。此歌曾附錄在余編著的《太極拳之研究》一書裡。

《凌空勁歌》的全文：

露蟬班侯夢祥間，三世心傳凌空難。
我今道破其中秘，洞徹全豹反掌間。
只因傳工皆口授，未嘗公開告世人。
且幸恩師多奇重，教我其中步驟全。
我今説明其中義，節省時間又便傳。
先須啄勁練到手，再練盪勁不費難。
離空諸勁都學會，哼哈運氣亦練全。
彼此呼吸成一體，牽動往來得自然。
此時再學凌空勁，堅持工夫一二年。
手舞足蹈隨心意，至此方叫工夫完。
(按：夢祥是楊少侯先師的字也。)

世傳《太極功》古譜

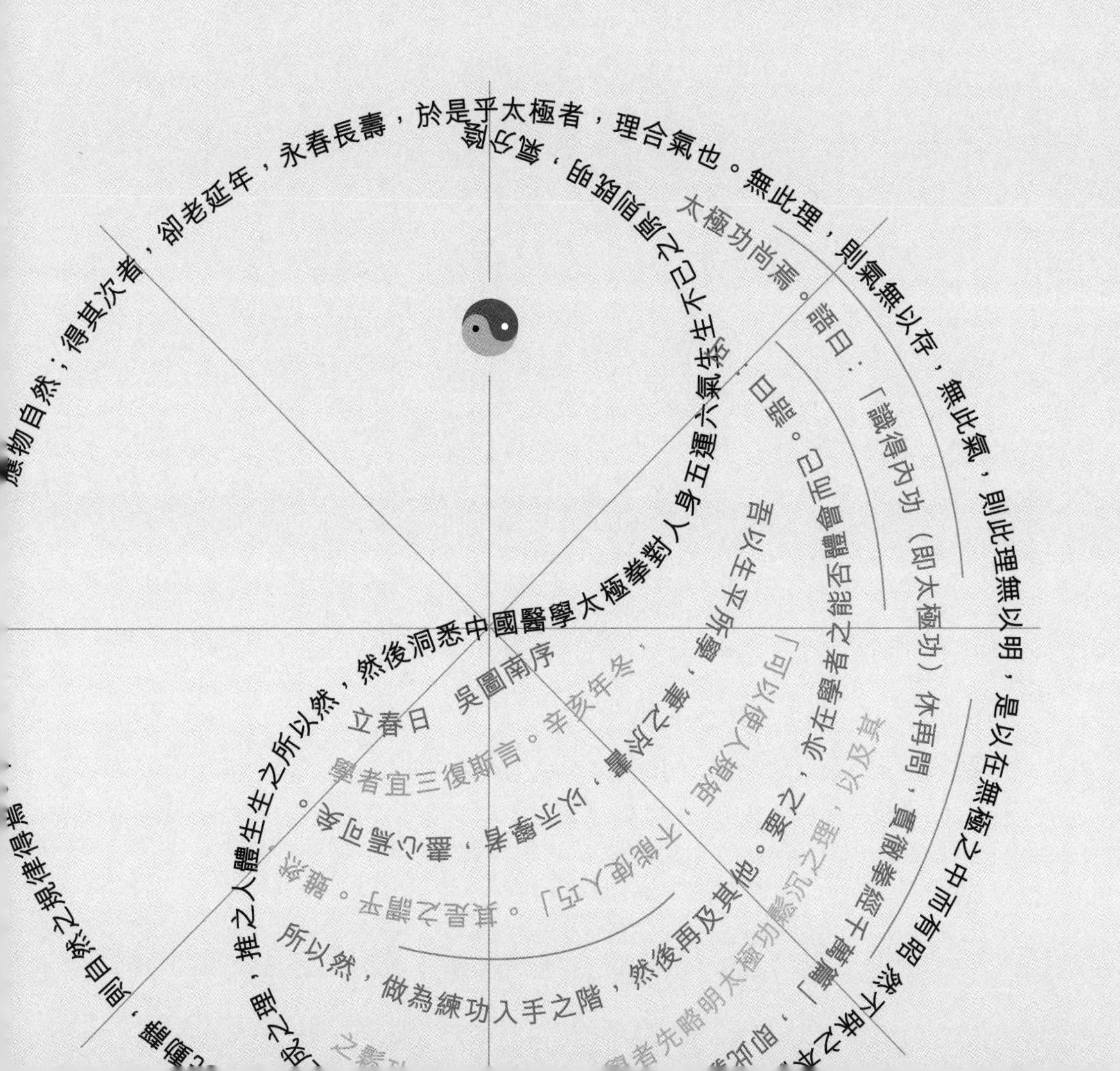
應物自然；得其次者，卻老延年，永春長壽，於是乎太極者，理合氣也。無此理，則氣無以存，無此氣，則此理無以明，是以在無極之中而有陰
立春日　吳圖南序
學者宜三復斯言。辛亥年冬

序言

古譜《太極功》即《宋氏家傳太極功源流支派論》，為明初宋遠橋所緒記，清初時之傳抄本。此譜為太極泰斗吳圖南先師於清光緒末年（光緒三十四年，公曆1908年）所得，珍藏至今。

吳先師名榮培，字圖南，蒙族喀喇沁人，蒙名烏拉布（1885～1989）。上祖為清皇室之戚冑。吳先師幼年習武，曾受業於吳鑑泉〔註一〕、楊少侯〔註二〕二位宗師，造詣精深，功成大用。吳先師曾就讀於京師大學堂〔註三〕學醫學，又曾向滿清太醫院院正〔註四〕李子裕學中醫。曾任上海中法國立工學院教授、南京國立國體專校教授，國立西北聯大教授等職務。吳先師精於考古學，曾任北平故宮博物院專門委員、首都博物館保管主任，明定陵（地下宮殿）〔註五〕之開發專家。晚年任北京市文史研究館館員。吳先師博學多才，文武雙全，是中國著名的教育家、考古學家、武術家、太極拳家，被譽為太極泰斗。

清朝覆亡之後，清廷之神機營〔註六〕落散。營中眾名家教習亦淪於貧困。吳先師等，視彼輩如國寶，資助提倡且師事而勤學之，誠為當代知識分子開拓和倡導武術之先驅。

吳先師一生致力於武術科學化、實用化、普及化，旨在強族強種、衛身衛國。在太極拳與養生長壽方面，他融合中西醫學，以自身做實驗，總結出「內臟修補術」與「長壽接命法」，使他成功地活到一百零五歲，成為近代最長壽的太極拳家。他歸納出的太極功練勢、練勁、練氣的三步功夫，提高了研習太極拳行功和技擊用架的實效。他治學嚴謹，主張研究太極拳歷史，要本着「既不冤枉古人，又不欺騙今人，更不貽害後世」的治學態度，實事求是地對待過去、現在和將來。經他多年親身調查與搜集的史料，證實太極拳的發展史，應始自南北朝梁時（502～557）之前，到現在是約二千年中歷代諸名家精研傳授的結果。他的學說是太極拳發展史的珍貴信證史料。

吳先師著述甚豐。中外暢銷的書有《科學化的國術太極拳》、《內家拳太極功玄玄刀》、《太極劍》、《國術概論》、《弓矢概論》等。

吳先師晚年自號半文堂主與萬安老人。曾詠詩句以言其拳。

詠曰：太極正宗　吳楊併稱
鑑泉主柔　少侯凌空
恭蒙教益　融會貫通

十二寒暑　克盡厥成

又曰：白雲朝朝過　青天日日閑

萬安一老兒　獨坐分半軒

三丰垂恩惠　苦心細鑽研

傳播達四海　何日遍天緣

吳先師無子女。雖學生眾多，惟生前入室弟子僅余一人。余與先師雖名為師徒，實情同父子。先師以一生之心血施教於余，余亦謹遵師命克竟全功。數十年來余與先師貧富共渡，患難與共，直至供奉先師仙逝，未嘗有離也！

余上祖原世居金陵，後遷居京師。祖父馬公長立，號誠齊，曾任清朝武吏。祖父幼承家學精於查拳、潭腿、擅輕功。中年後與程廷華（別號眼鏡程）同儕，晚年家居時授徒傳拳以自娛。余幼承家學，又從心意拳家唐鳳亭〔註七〕習六合心意拳。1946～1950年曾就讀於國立中法大學。1958年拜著名太極拳宗師楊禹廷〔註八〕習太極拳八年，兼為楊師助教。曾代楊禹廷宗師撰寫《太極拳動作解說》一書，為習太極拳之重要教材。余在中國首都北京之武壇上，曾三度蟬聯多項冠軍；曾在中央及地區機關、各大學府等處任太極拳教練、裁判；被聘為北京市武術協會秘書等職，名噪武林。余曾涉獵各家拳術，得密宗高僧奇雲和尚〔註九〕之獨傳密宗大悲拳；又拜八卦掌宗師駱興武〔註十〕、六合心意拳宗師王繼武〔註十一〕為師，深造八卦掌與心意拳。所學各家，盡得真傳。

時太極拳多趨於行功慢練，其技擊應用之學漸趨於失傳。余雖久聞吳圖南先師擅太極拳技擊。其拳快速凌厲，尤以打手之凌空諸勁最為精絕。然未敢冒然求教，蓋先師職業於考古，太極拳乃業餘愛好也。時中央高官中有與吳先師友善者，敦請先師授徒，以免其絕學淪於失傳。先師再三婉拒，然終於在眾生中擇余為傳人。

緣余出身世家。父馬公桂連，號澍元，古玩珠玉商界巨子，業餘精研東方語文，著名之宗教家。先父為人樂善好施，曾辦義學於京師。先父與先師因皆喜好考古而相友善，往來甚密；又因先師曾任中法國立工學院教授，與余夙有師生之誼，故蒙先師垂愛有緣受業也。

吳先師課徒甚嚴。學生必須具備「萬夫不擋之勇氣、百折不撓之決心、脫胎換骨之毅力」，無此氣質與精神，實難學練太極功也。余初認為，太極拳只柔柔韌韌之行功，其難何在？待先師傳功，始知其苦非凡夫俗子所能承受焉。蓋古傳之太極功，為口傳心授之學，非有夙慧神勇之士，不可傳也。

古傳太極功，功法精絕。簡要記之，

即學者於練功之始，應先養氣，即孟子所謂「善養吾浩然之氣」。待氣滿神足時，始可言練。其功法有：練手、練眼、練身、練步、練腿、練勢、練勁、練氣、練神；練定式〔註十二〕亦練拆手、練行功的慢架亦練應敵之快架；練推手亦練推腿、練散打亦練兵器等等功夫，皆須練成，以求達到周身上下「無一處不輕靈、無一處不堅韌，無一處不沉着、無一處不順遂」，「通體貫串，絲毫無間」。

吳先師傳太極功之絕妙處為：「一處自有一虛實，處處總此一虛實」。由斯而達致周身「虛空粉碎」、「應物自然」。故太極功，拳名太極拳，其大成者化功也，小成者武事也。

余因見現時之太極拳旁門甚多，為使後學之人能詳辨其真偽，曾將吳先師講授之要義，經余編著成書，名為《太極拳之研究》。自香港商務印書館出版發行後，暢銷中外，余另有《太極拳規範》、《太極刀劍合編》、《中國武術詞語手冊》、《程氏八卦掌》、《密宗大悲拳》等書相繼問世，概不忘諸前輩宗師之所傳，並期以傳世於後學者也！

余半生坎坷，歷經多次險峻之社會動盪。惟最痛心者，目睹眾武術耆老，貧病潦倒乏人照顧而相繼去世。嘆國寶之凋謝，決心搶救繼承。故余窮半生之精力與財力，供養維護諸前輩宗師，並加速苦練，繼承中華瑰寶。人憎我愛、人棄我取，孜孜終日，從無間斷。經數十年之努力，始有今日之渺小成就。非未竭盡所能，實心有餘而力不足也。然每於靜思反己之時，仍悠然自得。蓋無愧於斯道也。

喜看今日太極功之門徒與學生遍天下，國內及海外相繼成立中國太極功研究會，承傳與弘揚中國瑰寶，實足慰眾先師之在天之靈矣。然展望未來，任重道遠，期待後繼有志之士，繼續前進，萬世流傳。

古譜《太極功》自吳圖南先師於光緒末年珍藏之後，於民國初年曾抄送給當時的武術宗師許禹生、吳鑑泉、楊少侯、劉彩臣、劉恩綬、紀子修每人一本。自此《宋氏家傳太極功源流支派論》始公諸於世。

1916年袁世凱稱洪憲時，有手下幕僚宋書銘者，精研易理，擅太極拳，時年已近七十歲，自言為明時宋遠橋十七世孫。其所練之太極拳名「三世七」，以共有三十七勢而得名，又名長拳。其時紀子修、吳鑑泉、許禹生、劉恩綬、劉彩臣、姜殿臣等諸宗師，正倡導太極拳於京師，功技皆冠於時。聞宋氏名，相與訪謁。與宋推手，皆隨其所指而跌，奔騰其腕下，莫能自持。宋氏一舉手，則擲於尋丈之外。於是紀、吳、許、劉等諸師，皆叩首稱弟子，從學於宋。宋氏在清季為詞林巨子，所著內功原道明理諸篇，曾播於世。惜其晚年困瘁家居，抱道自娛，積稿盈屋，欲以重金求其稿，亦不允，許諸師等，僅承其口傳心授一鱗半爪之技耳。宋氏作古於保定，其遺物不知流落何所，徒令人嚮往焉。

時吳圖南先師曾攜所藏之古譜《太極功》訪宋氏並請益。知宋書銘有家傳古譜亦名《太極功》，經與對照，宋氏家傳譜全名為《宋遠橋太極功源流支派論》，與吳先師所藏之譜，僅於標題處不同，其餘所有正文完全一致，證明古譜《太極功》確係明時宋遠橋所記載。宋遠橋以其親身經歷及友好助述之史料，以上溯記實的筆法，緒記了他與俞蓮舟、俞岱巖、張松溪、張翠山、殷利亨、莫谷聲共七人，受業於張三丰先師之經過。由此上溯至宋時俞蓮舟之上祖俞清慧、俞一誠，及旁系之宋仲殊、程珌等，再上溯至唐時之李道子、許宣平、胡境子等，再上溯至南北朝梁時之程靈洗及其師韓拱月，更以道、儒二家之學，與太極拳盡性立命之本旨，上溯論及漢時之東方先生，至推溯及孟子，故太極功之流傳已近二千年。其間雖有繼者亦有斷耳，但太極功始終生生不滅，永續長存。

吳圖南先師於1989年仙逝，終年一百零五歲。先師遺著甚豐，功名顯赫，不愧為太極拳之泰斗，當代武術事業的開拓者與先驅。先師珍藏之古譜《太極功》，遵師命現由余珍藏承傳。先師另有親筆手寫古譜《太極功》說明本末一紙及補缺表一紙，一並傳於余，以證其事。

余今將古譜《太極功》略加訂註，惟僅註釋譜中之敘事處。對於譜中所記之經論文字〔註十三〕，余將另行詮釋。期以後繼傳人，自能正本清源，和不忘先師之遺教而已。

中國遠古世傳太極功
太極泰斗吳圖南宗師　嫡傳當代承傳人馬有清　訂註

1990年重陽節於香港

〔註解〕

一　吳鑑泉（1870～1942），名愛紳，滿族人。後冠漢姓為吳。其父全佑（1834～1902）是楊露蟬、楊班侯的弟子。吳鑑泉是近代所謂吳式太極拳之創始人。其拳剛柔相濟，拳架嚴謹，循規蹈矩而善於柔化。

二　楊少侯（1862～1930），名兆熊，字夢祥。楊健侯之長子。楊少侯承其二伯父楊班侯及其父楊健侯、祖父楊露蟬之家學。其拳小巧緊湊，淩厲快捷。手法多出手見紅。所傳之拳名用架，又稱快架。

三　京師大學堂，清光緒廿四年（1898年）就官書局原址設立。廿九年（1903年）後改為通儒院。民國初元，改為北京大學。

四　明清時設太醫院。世俗稱皇室之醫為太醫，亦稱御醫。院正，相當於今之院長。

五　定陵為明神宗之陵墓。發掘定陵時，吳圖南先師為該陵打開墓門之專家。

六　神機營，明永樂時設，清亦置之。選八旗滿洲、蒙古、漢軍、及前鋒、護軍、步軍、火器、健鋭諸營之精鋭者為營兵。常時守衛於宮中及三海牆外。帝巡幸時則護從。太極拳宗師楊露蟬等武師，皆隸屬於神機營任教習。

七　唐鳳亭，六合心意拳家。河北省定縣人。與弟唐鳳臺，皆為心意拳直隸派高手。曾設教於北京市崇文區內之大興縣第一國術社。余先父馬公澍元曾辦義學名西北二小及穆德小學，唐鳳亭宗師任該義學之國術教員。唐師與奇雲和尚、螳螂拳名家單香陵等皆友好。

八　楊禹廷（1888～1982），名瑞林。北京市人。九歲習拳，精於少林拳、心意拳、八卦掌。後從學於王茂齋宗師習太極拳。先師自廿歲起教拳，直至終老。

九　奇雲和尚（1905～1966），俗姓史，名金齡。河北省保定人。為禪、密二宗造詣皆深之高僧。有高空摔叉、方便鏟、密宗大悲拳三絕技。1966年被迫害而死，終年61歲。

十　駱興武，字德文。河北省東鹿縣人。受業於李文彪、程有功、程友信諸八卦掌宗師。精於八卦掌，擅長心意拳。

十一　王繼武，名仲鎬，字子京，道號淨塵。清光緒十八年（1892年）生於山西榆次。十六歲從學於王福元宗師，習六合心意拳。王宗師門生眾多，是現時心意拳輩份最高之盛名宗師。

十二　過去練太極拳先練定式。即一式拆成若干動作。每個動作要定着不動。直至練準練熟為止。做定式時多以息數計時。故太極拳古法由一式練成再練一式，非虛假也。

十三　經論文字，係指古譜《太極功》內，所錄之太極拳論、太極拳經、十三勢行功心法、十三勢歌、打手歌、用功五志、四性歸原歌等諸篇文字。

吳圖南珍藏古譜《太極功》本末説明

此書為清光緒末年〔註一〕吾友張君熙銘所贈，後為許禹生所知，遂抄寫六本分贈許禹生，吳鑑泉、楊少侯、劉彩臣、劉恩壽、紀子修各一本。子修先生曰不可再贈送他人為要，因此予遂未再抄送他人。其後有吳君鍾霈者，與予有同學之誼，持去此書去抄，將此書中許多字挖去復還，幸有抄本尚在，原書尚能核對，此亦該書不幸中之幸也。但該書雖缺數字，未便填補以存其真，只有另列一表，以說明之，較為適宜。文革時期斯書尚存，但已不能下指，於是由中國書店老技師劉君精心為之修復，還其本原，經鑑定該書為清初抄本，於是數百年前之舊物，又能可以翻閱矣，快何如之！因述此書之本末如此。附補缺表一份。〔註二〕

吳圖南記 1983.11.15

吳圖南親筆記述

〔註解〕

一　公曆為 1908 年。

二　古譜《太極功》未修復前，余曾於吳圖南先師家中賞閱過。當時該譜紙已脆黃，字跡剝落，不能下指翻閱。幸有襯紙將每頁隔開，否則散亂矣。吳圖南先師是考古學家，曾任北平故宮博物院專門委員，精於古文物之鑑定。古譜《太極功》經多方鑑定，至少為清初抄本，乃公曆1644年前後之物。當前太極拳被誤認為是河南溫縣陳家溝之陳王廷（明末清初之武庠生）所創編的。所持之證據是，陳王廷有遺詩云：「到如今，年老殘喘，只落得黃庭一卷隨身伴，悶來時造拳……。」陳王廷年老殘喘造拳時，古譜《太極功》已世代流傳，清初抄本亦已問世。陳王廷編造太極拳之說，不攻自破矣。

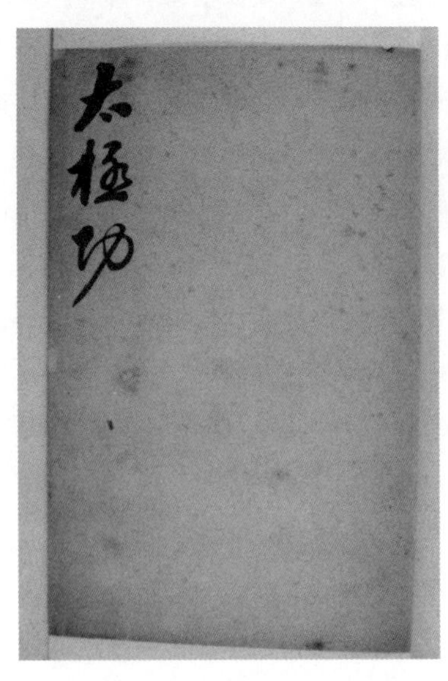

《太極功》清初手抄本原件

太極功全文及古譜照片

《宋氏家傳太極功原流支派論》〔註一〕宋遠橋〔註二〕緒記。所為後代學者，不失其本也，自予而上溯，始得太極之功者。授業於唐于歡子、許宣平也，至予十四代也，有斷者亦有繼耳。

許先師係江南徽州府，歙縣人。隱城陽山，結簷南陽，辟穀〔註三〕。身長七尺六，髯長至臍，髮長至足，行及奔馬，每負薪賣於市中，獨吟曰：「負薪朝出賣，沽酒日夕歸。借問家何處，穿雲入翠微。」李白〔註四〕訪之不遇，題詩望仙橋而回。所傳太極之功拳名三十七〔註五〕，因三十七勢而名之，又名長拳者。所云滔滔無間也，總名太極拳。三十七名目書之於後：

四正　四隅　雲手　灣弓射雁　揮琵琶　進搬攔　簸箕式　鳳凰展翅　雀起尾　單鞭　上提手　倒攆猴頭　摟膝拗步　肘下捶　轉身蹬腳　上步栽捶　斜飛式　雙鞭　翻身搬攔　玉女穿梭　七星八步　高探馬　單擺蓮　上跨虎　九宮步　攬雀尾　山通背　海底珍珠　彈指　擺連轉身　指點捶

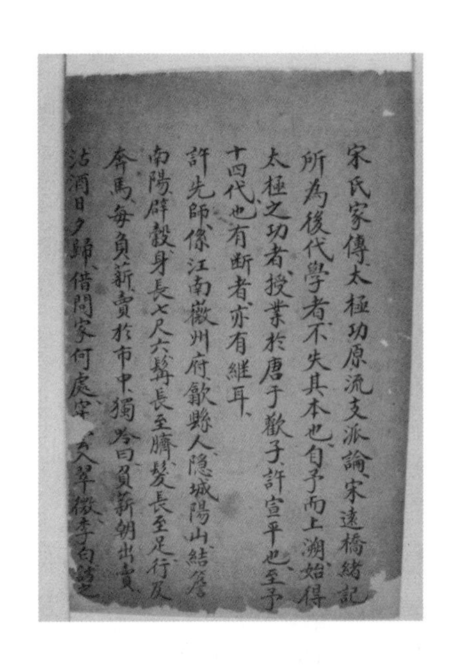
宋氏家傳太極功原流支派論宋遠橋緒記
所為後代學者不失其本也自予而上溯始得
太極之功者授業於唐于歡子許宣平也至予
十四代也有斷者亦有継耳
許先師係江南徽州府歙縣人隐城陽山結詹
南陽辟穀身長七尺六髯長至臍髮長至足行及
奔馬每負薪賣於市中獨吟曰負薪朝出賣
沽酒日夕歸借問家何處穿雲入翠微李白訪之

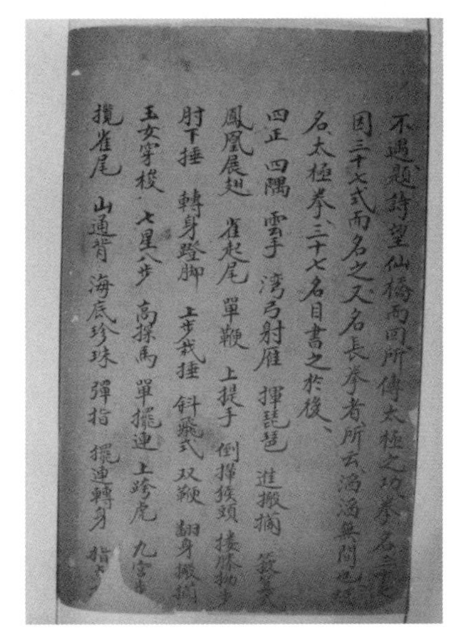
不遇題詩望仙橋而回所傳太極之功拳名三十七
因三十七式而名之又名長拳者所云滔滔無間也總
名太極拳三十七名目書之於後
四正 四隅 雲手 湾弓射雁 揮琵琶 進搬攔 簸箕式
鳳凰展翅 雀起尾 單鞭 上提手 倒攆猴頭 摟膝拗步
肘下捶 轉身蹬脚 上步栽捶 斜飛式 双鞭 翻身搬攔
玉女穿梭 七星八步 高探馬 單擺蓮 上跨虎 九宮步
攬雀尾 山通背 海底珍珠 彈指 擺連轉身 指

雙擺蓮　金雞獨立　泰山生氣　野馬分宗　如封似閉　左右分腳　掛樹踢腳　推碾　二起腳　抱虎推山　十字擺連　此通共四十三手。四正、四隅、九宮步、七星八步、雙擺連在外，因自己多坐用的工夫〔註六〕，其餘三十七數是先師之所傳也。此勢應一勢練成再練一勢〔註七〕，萬不得心急齊用。三十七勢卻無論何式先何式後，只要一一將勢用成，自然三十七勢皆化為相繼不斷也，故謂之長拳。腳跐五行、懷藏八卦，腳之所在為中央之土，則可定乾南坤北、離東坎西。掤攦擠按四正也，採挒肘攄四隅也。八字歌〔註八〕：掤攦擠按世間稀，十個藝人十不知，若能輕靈並堅硬，粘連黏隨俱無疑，採挒肘攄更出奇，行之不用費心思，果能粘連黏隨字，得其環中不支離。

三十七心會論

腰脊為第一之主宰，猴頭為第二之主宰。地心為第三之主宰，丹田為第一之賓輔。掌指為第二之賓輔，足掌為第三之賓輔。

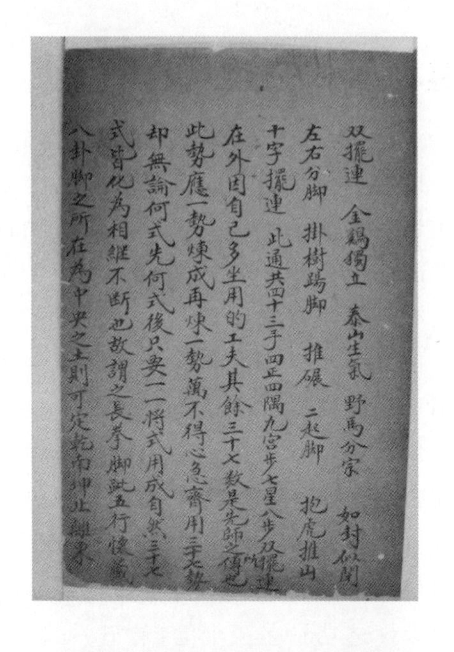
双擺連　金鷄獨立　泰山生氣　野馬分宗　如封似閉
左右分脚　掛樹踢脚　推碾　二起脚　抱虎推山
十字擺連　此通共四十三手四正四隅九宮步七星八步双擺連
在外因自己多坐用的工夫其餘三十七數是先師之傳也
此勢應一勢煉成再煉一勢萬不得心急齊用三十七勢
却無論何式先何式後只要一一將式用成自然三十七
式皆化為相繼不斷也故謂之長拳脚跐五行懷藏
八卦脚之所在為中央之土則可定乾南坤北離東

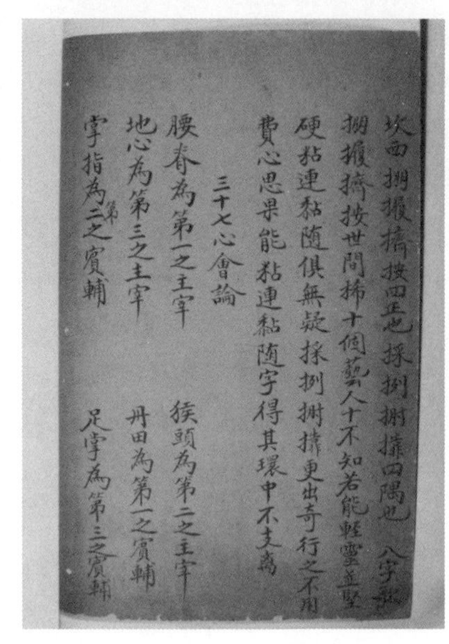
坎西掤攦擠按四正也採挒肘攄四隅也　八字歌
掤攦擠按世間稀十個藝人十不知若能輕靈並堅
硬粘連黏隨俱無疑採挒肘攄更出奇行之不用
費心思果能粘連黏隨字得其環中不支離
三十七心會論
腰脊為第一之主宰　猴頭為第二之主宰
地心為第三之主宰　丹田為第一之賓輔
掌指為第二之賓輔　足掌為第三之賓輔

三十七周身大用論

一要性心與意靜自然無處不輕靈；二要遍體氣流行、一定斷續不能停；三要猴頭永不拋，問盡天下眾英豪，如詢大用緣何得，表裡精粗無不到。

十六關要論

活潑於腰、靈機於頂、神通於背、不使氣流行於氣；行之於腿、蹬之於足、運之於掌、足之於指、斂之於髓、達之於神、凝之於耳、息之於鼻、呼吸往來於口、縱之於膝、渾噩一身全體發之於毛。

功用歌

輕靈活潑求懂勁，陰陽既濟無滯病，若得四兩撥千斤，開合鼓盪主宰定。

俞家江南寧國府涇縣人，太極功名曰「先天拳」，亦曰「長拳」，得唐李道子〔註九〕所傳。道子係江南安慶人，至宋時與遊酢莫逆，至明時李道子嘗居五當山南巖宮，不火食，第啖麥麩數合，故又名之曰夫子李〔註十〕也。見人不及他

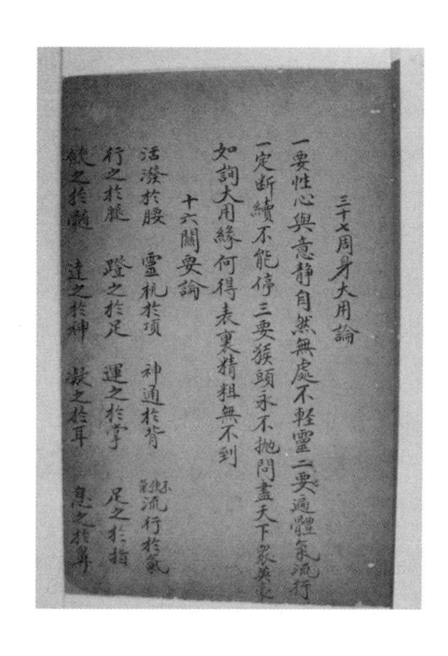

三十七周身大用論
一要性心與意靜自然無處不輕靈二要遍體氣流行
一定斷續不能停三要猴頭永不拋問盡天下衆英豪
如詢大用緣何得表裏精粗無不到
十六關要論
活潑於腰 靈機於頂 神通於背 不使氣流行於氣
行之於腿 蹬之於足 運之於掌 足之於指
斂之於髓 達之於神 凝之於耳 息之於鼻

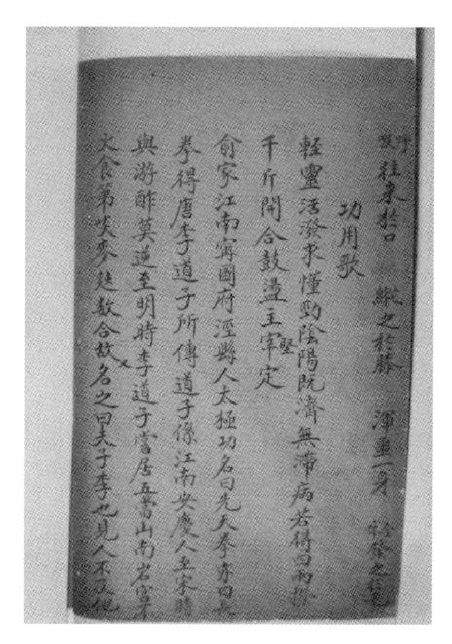

呼吸往來於口 縱之於膝 渾噩一身 全體發之於毛
功用歌
輕靈活潑求懂勁陰陽既濟無滯病若得四兩撥
千斤開合鼓盪主宰定
俞家江南寧國府涇縣人太極功名曰先天拳亦曰長
拳得唐李道子所傳道子係江南安慶人至宋時
與遊酢莫逆至明時李道子嘗居五當山南岩宮
不火食第啖麥麩數合故名之曰夫子李也見人不及他

語，惟云「大造化」三字。既云唐人何以知之至明時之夫子李即是李道子先師也，緣〔註十一〕予上祖遊江南涇縣俞家，方知先天拳亦如予之三十七式，太極之別名也。而又知俞家是唐時李道子所傳也，俞家代代相承之功，每歲往拜李道子廬。至宋時尚在也，越、代不知所往也。至明時予同俞蓮舟遊湖廣襄陽府均州五當山，夫子李見之叫曰：「徒再孫焉往？」蓮舟抬頭一看：斯人面垢正厚髮不知如何參地味臭，蓮舟心怒曰：「爾言之太過也，吾觀汝一掌必死爾去罷。」夫子李云：「重再孫，我看看你這手。」蓮舟上前掤連捶，未依身則起十丈高許，落下未壞拆筋骨，蓮舟曰：「你總用過功夫，不然能扔我者鮮矣。」夫子李云：「你與俞清慧、俞一誠認識否？」蓮舟聞之悚然：「此皆予上祖之名也。」急跪曰：「原來是我之先祖師至也。」夫子李曰：「吾在此幾十韶光未語，今見你誠哉大造化也，授你如此如此。」蓮舟自此不但無敵，而後亦得全體大用矣。予上祖宋遠橋〔註十二〕與俞蓮舟、俞岱岩、張松溪、張翠山、殷利亨、莫谷聲久相往來金

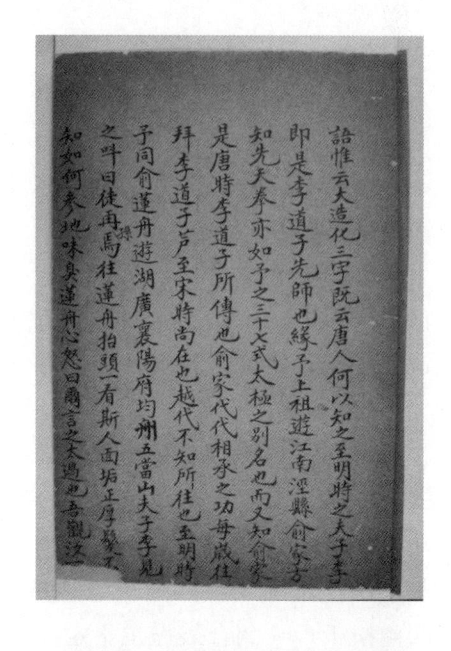
語惟云大造化三字既云唐人何以知之至明時之夫子李
即是李道子先師也緣予上祖遊江南涇縣俞家方
知先天拳亦如予之三十七式太極之別名也而又知俞家
是唐時李道子所傳也俞家代代相承之功每歲往
拜李道子廬至宋時尚在也越代不知所往也至明時
予同俞蓮舟遊湖廣襄陽府均州五當山夫子李見
之叫曰徒再孫焉往蓮舟抬頭一看斯人面垢正厚髮不
知如何參地味臭蓮舟心怒曰爾言之太過也吾觀汝一

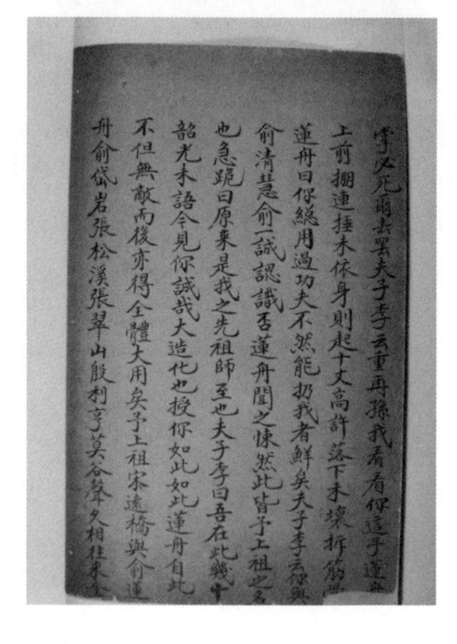
掌必死爾去罷夫子李云重再孫我看看你這手蓮舟
上前掤連捶未依身則起十丈高許落下未壞折筋骨
蓮舟曰你總用過功夫不然能扔我者鮮矣夫子李云你與
俞清慧俞一誠認識否蓮舟聞之悚然此皆予上祖之名
也急跪曰原來是我之先祖師至也夫子李曰吾在此幾十
韶光未語今見你誠哉大造化也授你如此如此蓮舟自此
不但無敵而後亦得全體大用矣予上祖宋遠橋與俞蓮
舟俞岱岩張松溪張翠山殷利亨莫谷聲久相往來金

陵之境，夫子李先師授俞蓮舟秘歌〔註十三〕云：「無形無象、全身透空、應物自然、西山懸磬、虎吼猿鳴、泉清河靜、翻江播海、盡性立命。」此歌予七人皆知其句，後予七人同往拜五當山〔註十四〕夫子李先師不見。道經玉虛宮，在太和山元高之地見玉虛子張三丰〔註十五〕也，此張松溪、張翠山師也。身長七尺有餘，美髯如戟，寒暑惟一箬笠，日能行千里。遠自洪武初年至太和山修煉，予七人共拜之，耳提面命月餘後歸。自此不絕其往拜，玉虛子所傳惟張松溪、張翠山拳名十三式。亦太極之別名也，又名長拳。　十三式名目〔註十六〕並論說列之於後：攬雀尾　單鞭　提手上勢　白鵞晾翅　摟膝拗步　手揮琵琶　進步搬攔捶　如封似閉　抱虎推山　攬雀尾　肘底看拳　倒攆猴　斜飛勢　提手上勢　白鵞晾翅　摟膝拗步　海底珍　山通背　撥山捶　退步搬攔捶　上勢攬雀尾　單鞭　雲手　高探馬　左右分腳　轉身蹬腳　進步栽捶　翻身撥山捶　翻身二起腳　披身踢腳　轉身蹬腳　上步搬攔捶　如封似閉　抱虎推山　斜單鞭　野馬分宗　玉女穿梭　單鞭　雲手　下勢　金雞獨立　倒攆猴　斜飛勢　提手上勢

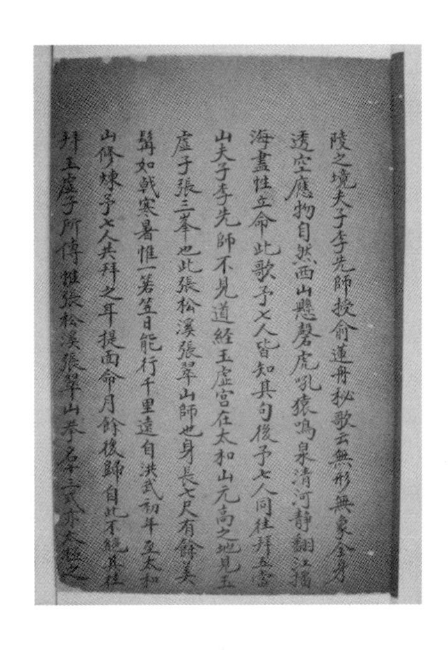

陵之境夫子李先師授俞蓮舟秘歌云無形無象全身
透空應物自然西山懸磬虎吼猿鳴泉清河靜翻江播
海盡性立命此歌予七人皆知其句後予七人同往拜五當
山夫子李先師不見道經玉虛宮在太和山元高之地見玉
虛子張三峯也此張松溪張翠山師也身長七尺有餘美
髯如戟寒暑惟一箬笠日能行千里遠自洪武初年至太和
山修煉予七人共拜之耳提面命月餘後歸自此不絕其往
拜玉虛子所傳惟張松溪張翠山拳名十三式亦太極之

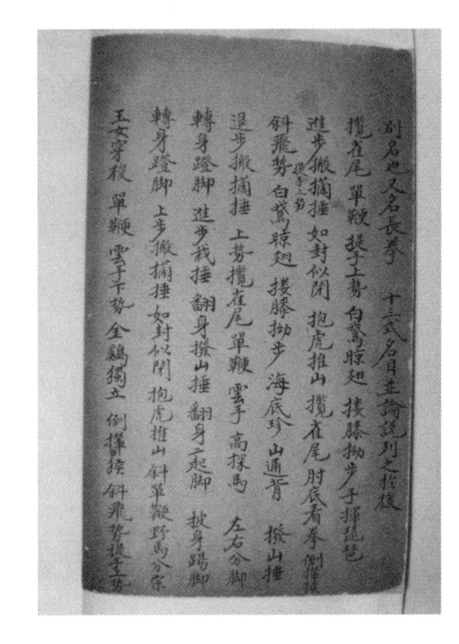

別名也又名長拳　十三式名目並論說列之於後
攬雀尾　單鞭　提手上勢　白鵞晾翅　摟膝拗步　手揮琵琶
進步搬攔捶　如封似閉　抱虎推山　攬雀尾　肘底看拳　倒攆猴
斜飛勢　提手上勢　白鵞晾翅　摟膝拗步　海底珍　山通背　撥山捶
退步搬攔捶　上勢攬雀尾　單鞭　雲手　高探馬　左右分脚
轉身蹬脚　進步栽捶　翻身撥山捶　翻身二起脚　披身踢脚
轉身蹬脚　上步搬攔捶　如封似閉　抱虎推山　斜單鞭　野馬分宗
玉女穿梭　單鞭　雲手下勢　金雞獨立　倒攆猴　斜飛勢　提手上勢

白鵞晾翅　摟膝拗步　海底珍　山通背　上勢攬雀尾　單鞭　雲手　高探馬　十字擺連　摟膝指襠捶上勢攬雀尾　單鞭　下勢　上步七星　下步跨虎　轉身擺連　灣弓射虎　上勢攬雀尾　合太極

太極者無極而生，陰陽之母也〔註十七〕。動之則分、靜之則合、無過不及、隨曲就伸，人剛我柔謂之走、我順人背謂之粘，動急則急應謂之連、動緩則緩隨謂之隨，雖變化萬端，而理為一貫，由着孰而漸悟懂勁、由懂勁而階級神明，然非用力之久不能豁然貫通焉。勁頂氣沉丹田、中立不倚、乍隱乍顯；左重則右必輕、右重則左必輕；虛實兼到、仰高鑽堅；進之則長、退之則促；一羽不能加、蠅蟲不能落；人不知我、我獨知人、英雄所向無敵，蓋皆由此而及也。斯技旁門甚廣，雖勢有區別，概不外乎壯欺弱、慢讓快耳、有力打無力、手慢讓手快、皆是先天自然之能，非關學力而有為也。察四兩撥千斤之句，顯非力勝。觀耄耋能禦眾之情，快何能也，惟立如平准活似車輪。偏沉則隨、雙重則滯、每見數年純功不能運化者，率皆自為人制。雙重之病未悟耳，欲避此病，須知陰陽，粘即是走、走即是粘、陰不離

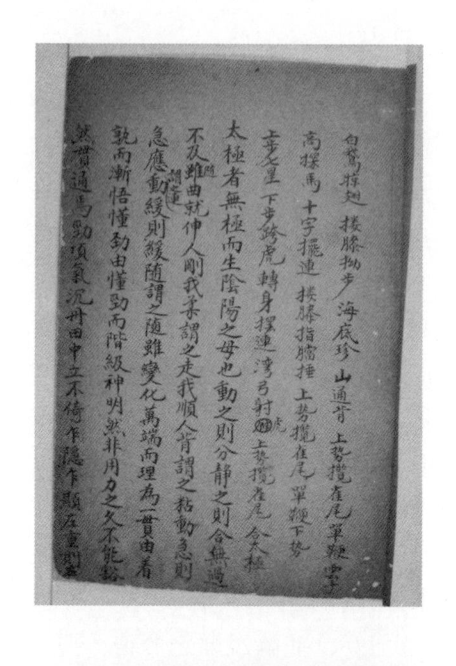
白鵞掠翅 摟膝拗步 海底珍 山通背 上勢攬雀尾 單鞭 雲手
高探馬 十字擺連 摟膝指襠捶 上勢攬雀尾 單鞭 下勢
上步七星 下步跨虎 轉身擺連 灣弓射虎 上勢攬雀尾 合太極
太極者無極而生陰陽之母也動之則分靜之則合無過
不及隨曲就伸人剛我柔謂之走我順人背謂之粘動急則
急應動緩則緩隨謂之隨雖變化萬端而理為一貫由着
孰而漸悟懂勁由懂勁而階級神明然非用力之久不能豁
然貫通焉勁頂氣沉丹田中立不倚乍隱乍顯左重則右

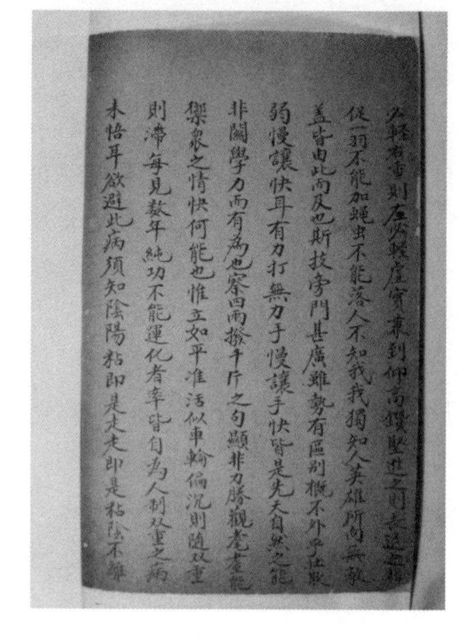
必輕右重則左必輕虛實兼到仰高鑽堅進之則長退之則
促一羽不能加蠅虫不能落人不知我我獨知人英雄所向無敵
蓋皆由此而及也斯技旁門甚廣雖勢有區別概不外乎壯欺
弱慢讓快耳有力打無力手慢讓手快皆是先天自然之能
非關學力而有為也察四兩撥千斤之句顯非力勝觀耄耋能
禦衆之情快何能也惟立如平准活似車輪偏沉則隨雙重
則滯每見數年純功不能運化者率皆自為人制雙重之病
未悟耳欲避此病須知陰陽粘即是走走即是粘陰不離

陽、陽不離陰，陰陽相濟方是懂勁。懂勁後愈練愈精，默識揣摩，漸至從心所欲，本是舍己從人，多誤捨近求遠。所謂「差之毫厘，謬之千里」，學者不可不詳辨焉。

一舉動周身俱要輕靈，猶須貫串。氣宜鼓盪，神宜內斂，無使有缺陷處、無使有凸凹處、無使有斷續處，根在腳，發於腿，主宰於腰，形於手指、由腳而腿而腰總要完整一氣，向前退後乃得機得勢。有不得機勢處身便是散亂，其病必於腰腿求之，上下前後左右皆然，凡此皆是意。不在外面，有上即有下、有前即有後、有左即有右，譬如要向上即寓下意，若將物掀起而加以挫之之意，斯其根自斷，乃壞之速而無擬。虛實宜分清楚，一處虛實，處處總此一虛實，周身節節貫串，無令絲毫間斷耳。

十三式行功心法

以心行氣務令沉着，乃能收斂入骨，以氣運身務令順遂乃能便利從心。精神能提得起則無遲重之虞，所謂頂頭懸也。意氣須換得靈乃有圓活趣味，所謂變動虛實也。發勁須沉着鬆靜專主一方，立身須中正安舒支撐八面，行氣如九曲珠無往

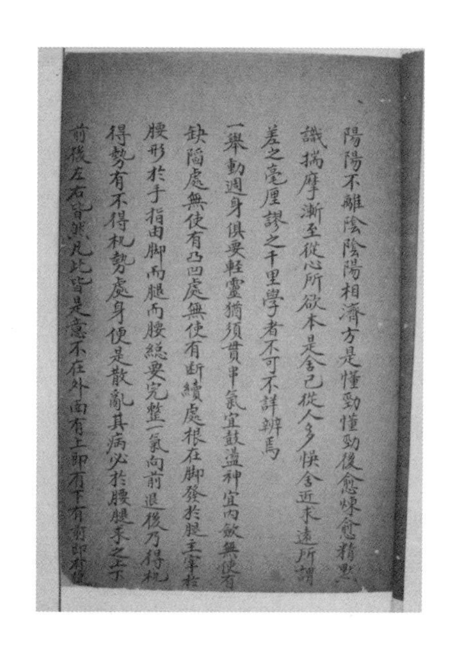
陽陽不離陰陰陽相濟方是懂勁懂勁後愈練愈精默
識揣摩漸至從心所欲本是舍己從人多悮舍近求遠所謂
差之毫厘謬之千里學者不可不詳辨焉
一舉動週身俱要輕靈猶須貫串氣宜鼓盪神宜內斂無使有
缺陷處無使有凸凹處無使有斷續處根在腳發於腿主宰於
腰形於手指由腳而腿而腰總要完整一氣向前退後乃得機
得勢有不得機勢處身便是散亂其病必於腰腿求之上
前後左右皆然凡此皆是意不在外面有上即有下有前即有後

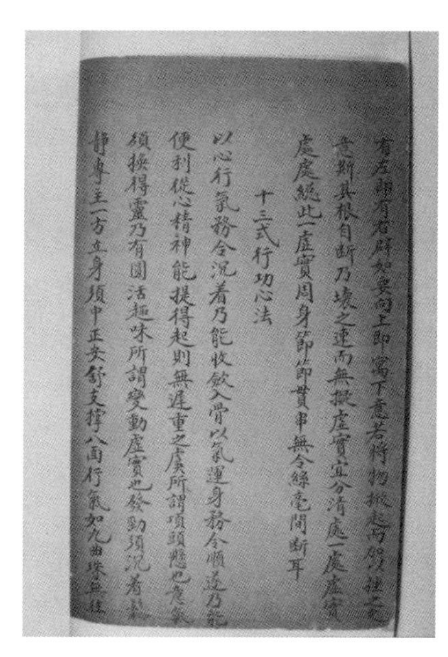
有左即有右譬如要向上即寓下意若將物掀起而加以挫之之
意斯其根自斷乃壞之速而無疑虛實宜分清楚一處虛實
處處總此一虛實周身節節貫串無令絲毫間斷耳
十三式行功心法
以心行氣務令沉着乃能收斂入骨以氣運身務令順遂乃能
便利從心精神能提得起則無遲重之虞所謂頂頭懸也意氣
須換得靈乃有圓活趣味所謂變動虛實也發勁須沉着鬆
靜專主一方立身須中正安舒支撐八面行氣如九曲珠無往

不利，氣遍身軀之謂也。運勁如百錬鋼何堅不摧，形如搏兔之鵠，神如捕鼠之貓，靜如山嶽動似江河，蓄勁如開弓發勁如放箭。曲中求直蓄而後發，力由脊發步隨身換，收即是放斷而復連，往復須有 扸 疊進、退須有轉換，極柔軟然後堅硬，能呼吸然後靈活，氣以直養而無害、勁以曲蓄而有餘，心為令、氣為旗、腰為纛、先求開展後求緊湊，乃可臻於鎮蜜矣。又曰：先在心後在身，腹鬆氣斂神舒體靜，刻刻在心。切記一動無有不動，一靜無有不靜，牽動往來氣貼背，斂入脊骨，內固精神外示安逸。邁步如貓行，運勁如抽絲，全身意在蓄神不在氣、在氣則滯，有氣者無力、有力者無氣、無力者純剛，即得乾行健之理，所以氣如車輪、腰如車軸也。

十三勢歌

十三總式莫輕視，命意原頭在腰隙。變轉虛實須留意，氣遍身軀不稍癡。靜中觸動動猶靜，因敵變化是神奇。勢勢留心揆用意，得來功夫不顯遲。刻刻留心在腰間，腹內鬆靜氣騰然。尾閭正中神冠頂，滿身輕利頂頭懸。仔細留心向推求，屈伸開

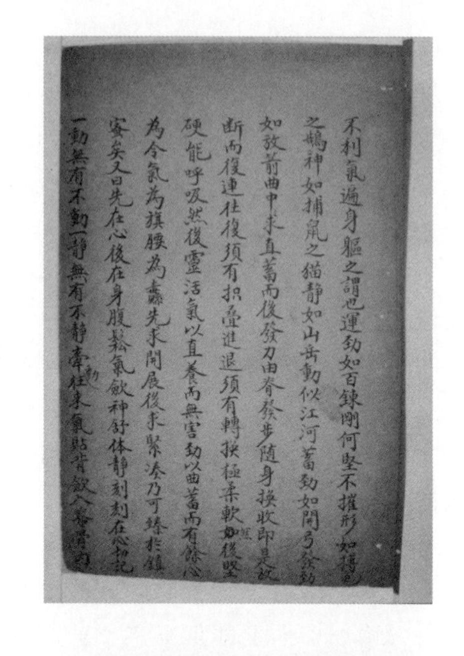
不利氣遍身軀之謂也運勁如百鍊剛何堅不摧形如搏兔
之鵠神如捕鼠之猫靜如山岳動似江河蓄勁如開弓發勁
如放箭曲中求直蓄而後發力由脊發步隨身換收即是放
斷而復連往復須有摺疊進退須有轉換極柔軟然後堅
硬能呼吸然後靈活氣以直養而無害勁以曲蓄而有餘心
為令氣為旗腰為纛先求開展後求緊湊乃可臻於縝
密矣又曰先在心後在身腹鬆氣斂神舒体靜刻刻在心切記
一動無有不動一靜無有不靜牽動往來氣貼背斂入脊骨內

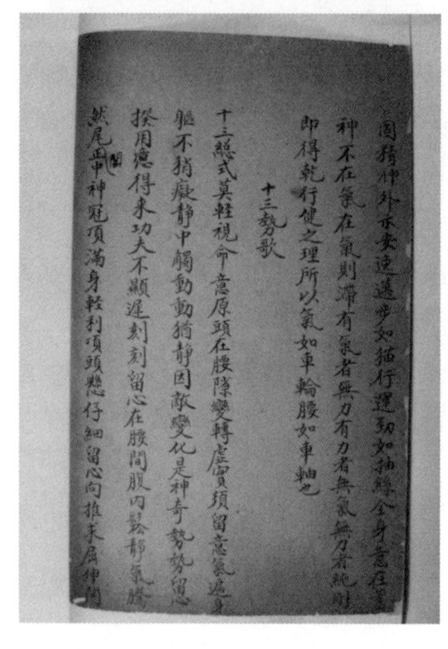
固精神外示安逸邁步如猫行運勁如抽絲全身意在蓄
神不在氣在氣則滯有氣者無力有力者無氣無力者純剛
即得乾行健之理所以氣如車輪腰如車軸也
十三勢歌
十三總式莫輕視命意原頭在腰隙變轉虛實須留意氣遍身
軀不稍癡靜中觸動動猶靜因敵變化是神奇勢勢留心
揆用意得來功夫不顯遲刻刻留心在腰間腹內鬆靜氣騰
然尾閭中神冠頂滿身輕利頂頭懸仔細留心向推求屈伸開

合聽自由。入門引路須口授，工夫無息法自修。若言體用何為準，意氣君來骨肉臣。想推用意終何在，延年益壽不老春。歌歌歌歌百四十，字字真切意無遺。若不向此推求去，枉費工夫貽嘆息。

長拳者如長江大海滔滔不絕，十三勢掤㩜擠按採挒肘靠八卦也。進步退步左顧右盼中以土定五行也，合而言之十三勢也，乃太極拳之別名也。掤㩜擠按即坎離震兌四正方也，採挒肘靠即乾坤艮巽四斜角也，進退顧盼中定水火木金土也。

打手歌

掤㩜擠按須認真，上下相隨人難進。任他巨力來打偺，牽動四兩撥千斤。引入落空合即出，粘連黏隨不丟頂。又彼不動己不動，彼微動己先動。似鬆非鬆將展未展，勁斷意不斷。

程靈洗〔註十八〕字元滌，江南徽州府休寧人。授業韓拱月太極之功成大用矣。侯景之亂，惟歙州保全，皆靈洗力也。梁元帝〔註十九〕授以本郡太守，卒謚忠壯。至程珌〔註二十〕為紹興中進士，授昌化主簿，累官權吏部尚書、拜翰林學士。立朝剛正，風裁凜然，進封新安郡侯，以端

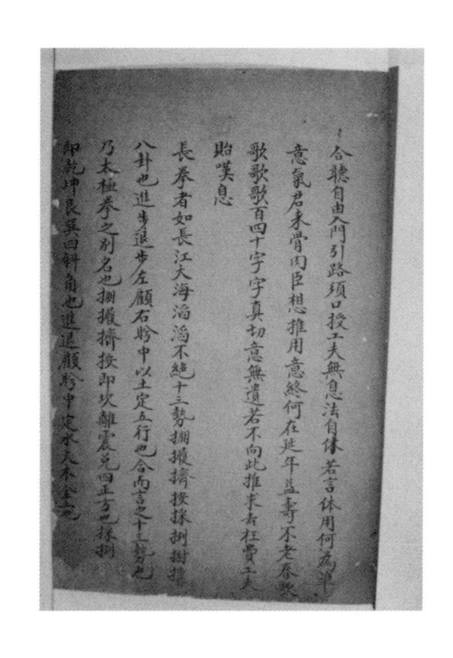

合聽自由入門引路須口授工夫無息法自修若言体用何為準
意氣君來骨肉臣想推用意終何在延年益壽不老春歌
歌歌歌百四十字字真切意無遺若不向此推求去枉費工夫
貽嘆息
長拳者如長江大海滔滔不絕十三勢掤㩜擠按採挒肘靠
八卦也進步退步左顧右盼中以土定五行也合而言之十三勢也
乃太極拳之別名也掤㩜擠按即坎離震兌四正方也採挒
即乾坤艮巽四斜角也進退顧盼中定水火木金土也

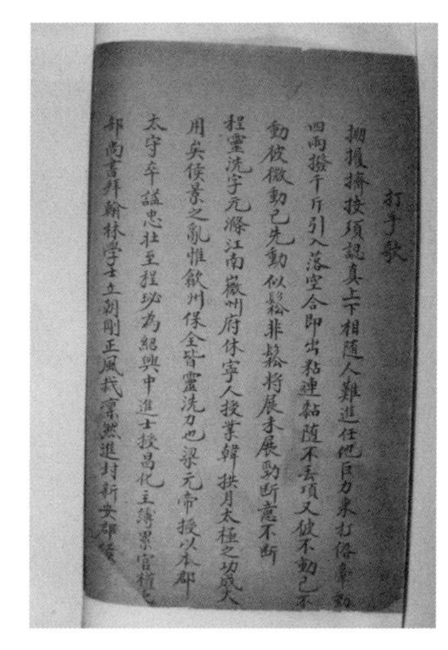

打手歌
掤㩜擠按須認真上下相隨人難進任他巨力來打偺牽動
四兩撥千斤引入落空合即出粘連黏隨不丟頂又彼不動己不
動彼微動己先動似鬆非鬆將展未展勁斷意不斷
程靈洗字元滌江南徽州府休寧人授業韓拱月太極之功成大
用矣侯景之亂惟歙州保全皆靈洗力也梁元帝授以本郡
太守卒謚忠壯至程珌為紹興中進士授昌化主簿累官權吏
部尚書拜翰林學士立朝剛正風裁凜然進封新安郡侯

明殿學士致仕，卒。珌居家常平糶以濟人，凡有利於眾者必盡心焉。所著有《洛水集》〔註二十一〕，珌將太極功拳名立一名為「小九天」〔註二十二〕。雖珌之遺名小九天書。韓傳者，不敢忘先師之所傳也。

小九天法式〔註二十三〕

七星八步　開天門　什錦背　提手　卧虎跳澗　單鞭　射雁　穿梭　白鶴升空　大擋捶　小擋捶　葉裡花　猴頂雲　攬雀尾　八方掌

太極者非純功於易經不能得也。以易經一書，必須朝夕悟在心內，必須朝夕會在身中。超以象外，得其寰中，人所不知而己獨知之妙。若非得師一點心法之傳〔註二十四〕，如何能致使我手之舞之、樂在其中矣。

用功五誌

博學 是多功夫　審問 不是口問是聽勁　慎思 聽而後留心想念　明辨 生生不已　篤行 如天行健

四性歸原歌

世人不知己之性，何能得知人之性？物性亦如人之性，至如天地亦此性，我賴天地以存身，天地賴我以緻局。若能先求知我性，天地受我偏獨靈。

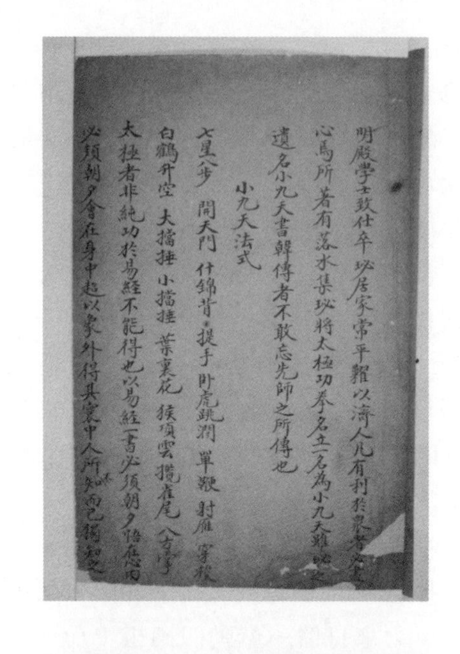
明殿學士致仕卒珌居家常平糶以濟人凡有利於眾者必盡
心焉所著有落水集珌將太極功拳名立一名為小九天雖珌之
遺名小九天書韓傳者不敢忘先師之所傳也
小九天法式
七星八步　開天門　什錦背　提手　卧虎跳澗　單鞭　射雁　穿梭
白鶴升空　大擋捶　小擋捶　葉裏花　猴頂雲　攬雀尾　八方掌
太極者非純功於易經不能得也以易經一書必須朝夕悟在心內
必須朝夕會在身中超以象外得其寰中人所不知而己獨知之

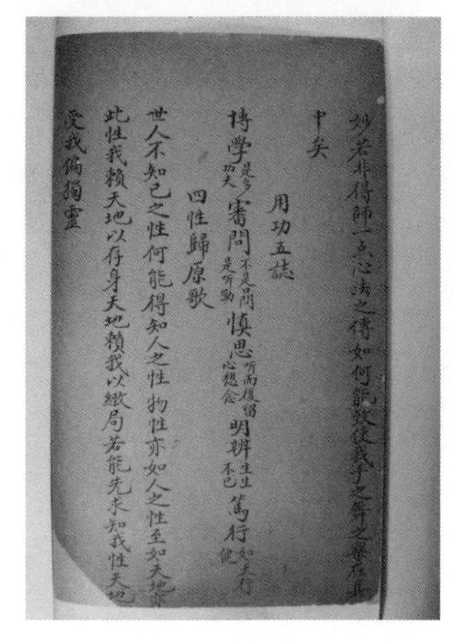
妙若非得師一点心法之傳如何能致使我手之舞之樂在其
中矣
用功五誌
博學 是多功夫　審問 不是口問是聽勁　慎思 聽而後留心想念　明辨 生生不已　篤行 如天行健
四性歸原歌
世人不知己之性何能得知人之性物性亦如人之性至如天地亦
此性我賴天地以存身天地賴我以緻局若能先求知我性天地
受我偏獨靈

胡境子〔註二十五〕在揚州自稱之名，不知姓氏，此是宋仲殊之師也。仲殊安州〔註二十六〕人，嘗遊姑蘇臺〔註二十七〕，柱上倒書一絕云：「天長地久任悠悠，你既無心我亦休，浪跡天涯人不管，春風吹笛酒家樓。」仲殊所傳殷利亨太極拳名曰「後天法」，亦是掤攦擠按採挒搠撩也。然而勢法名目不同，其功用則一也，如一家人分居，各有所為也。然而根本非兩事也。

後天法目〔註二十八〕

陽肘　陰肘　遮陰肘　肘裡鎗　肘開花　八方捶　陰五掌　單提肘　雙鞭肘　臥虎肘　雲飛肘　研磨肘　山通肘　兩膝肘　一膝肘

以上太極功各家名目，因予身臨其境，並得其良友往來相助，皆非作技藝觀者。人也一家人，恐其久而差矣，故筆之書，以授後人玩索而有得焉，則終身用之。有不能盡者矣，其餘太極功再有別名別目者，吾不知之矣。待後人有所遇者記之可也，且記無論用何等名目拳法，惟太極不能兩說也〔註二十九〕。若太極說有不同，斷乎不一家也，卻無論工夫高低上下，一家人必無兩家話。自上之先師而上溯其根原，東方先生〔註三十〕，再上而溯始。

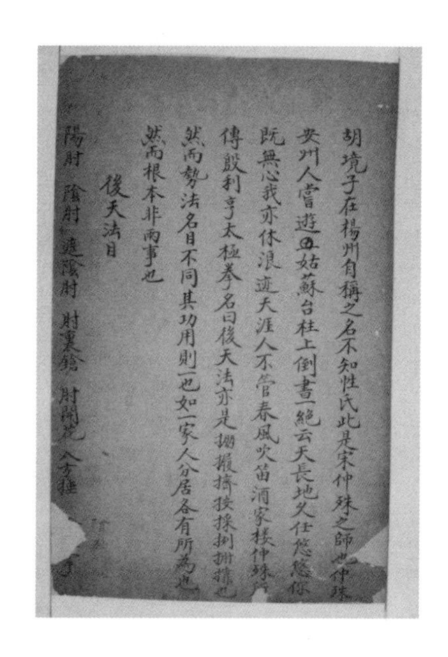
胡境子在揚州自稱之名不知姓氏此是宋仲殊之師也仲殊
安州人嘗遊姑蘇台柱上倒書一絕云天長地久任悠悠你
既無心我亦休浪跡天涯人不管春風吹笛酒家樓仲殊所
傳殷利亨太極拳名曰後天法亦是掤攦擠按採挒搠撩也
然而勢法名目不同其功用則一也如一家人分居各有所為也
然而根本非兩事也
後天法目
陽肘　陰肘　遮陰肘　肘裏鎗　肘開花　八方捶

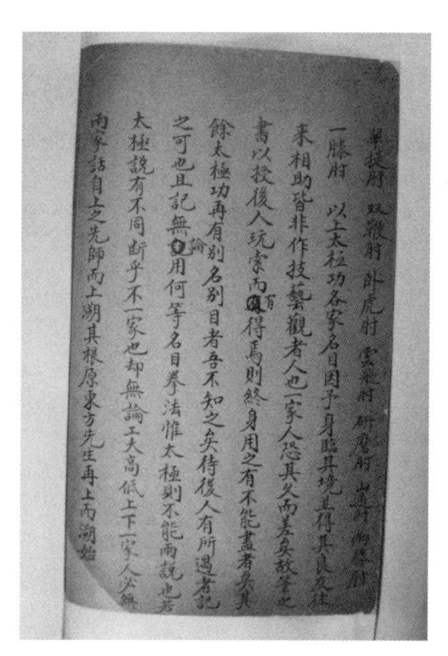
單提肘　雙鞭肘　卧虎肘　雲飛肘　研磨肘　山通肘　兩膝肘
一膝肘　以上太極功各家名目因予身臨其境且得其良友往
來相助皆非作技藝觀者人也一家人恐其久而差矣故筆之
書以授後人玩索而有得焉則終身用之有不能盡者矣其
餘太極功再有別名別目者吾不知之矣待後人有所遇者記
之可也且記無論用何等名目拳法惟太極則不能兩說也若
太極說有不同斷乎不一家也却無論工夫高低上下一家人必無
兩家話自上之先師而上溯其根原東方先生再上而溯始

孟子當列國紛紛固將立命之功，所謂「養吾浩然之氣塞於天地之間」。欲大成者則化功也，小成者武事也。立命之道非氣體之充胡能也，由立命以盡性至於窮神達化，自天子至庶人，何莫非誠意正心修身始也。書及此，後世萬不可輕洩傳人，若謂不傳人當年。

先師何以傳至予家也，卻無論遠近親朋自家傳者賢也。尊先師之命不敢妄傳，後輩如傳人之時，必須想予緒記之心血，與先師之訓誨而已。

此書十不傳

一不傳外教、二不傳無德、三不傳不知師弟之道者、四不傳收不住的、五不傳半途而廢的、六不傳得寶忘師者、七不傳無納履之心者、八不傳好怒好惱者、九不傳外欲太多者、十不傳匪事多端者。

此書有四忌

忌飲過量之酒、色當色者夫婦之道要將有別字認清、忌取無義之財、忌動不合中之氣、一飲一啄在內。

用功三小忌

食吃多、水飲多、睡時多。

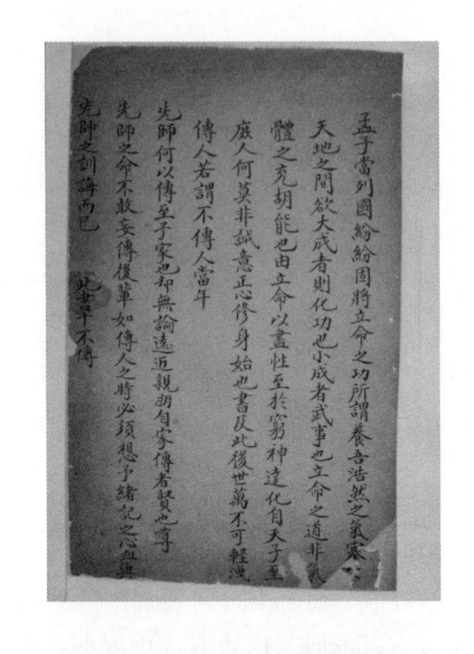

孟子當列國紛紛固將立命之功所謂養吾浩然之氣塞於
天地之間欲大成者則化功也小成者武事也立命之道非氣
體之充胡能也由立命以盡性至於窮神達化自天子至
庶人何莫非誠意正心修身始也書及此後世萬不可輕洩
傳人若謂不傳人當年
先師何以傳至予家也卻無論遠近親朋自家傳者賢也尊
先師之命不敢妄傳後輩如傳人之時必須想予緒記之心血與
先師之訓誨而已 此書十不傳

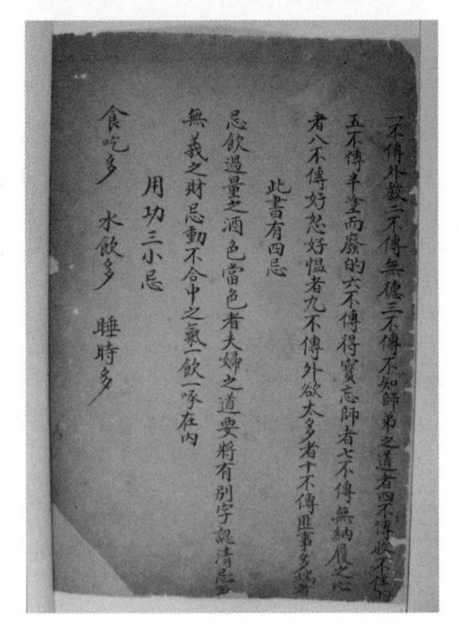

一不傳外教二不傳無德三不傳不知師弟之道者四不傳收不住的
五不傳半途而廢的六不傳得寶忘師者七不傳無納履之心
者八不傳好怒好惱者九不傳外欲太多者十不傳匪事多端者
此書有四忌
忌飲過量之酒色當色者夫婦之道要將有別字認清忌取
無義之財忌動不合中之氣一飲一啄在內
用功三小忌
食吃多 水飲多 睡時多

〔註解〕

一　宋氏後人宋書銘家傳之譜，首句是「宋遠橋太極功源流支派論」，本譜首句是「宋氏家傳太極功源流支派論」。僅開首四字不同。其餘之內容，則完全相同。證實本譜是清初時之宋氏後人傳抄於世的。

二　宋遠橋，明初時人。宋與俞蓮舟、俞岱岩、張松溪、張翠山、殷利亨、莫谷聲等七人相友善。宋遠橋家傳太極功，後又請益於張三丰。此譜言緒記。既為開篇之序言，又有先人之言未盡，而繼緒言之的含義。

三　辟穀，亦稱斷穀，或稱絕穀。謂摒除穀食也。辟穀時，仍食果藥和飲水，非不食也。道家多習辟穀。認為人體中「三屍」為怪。其靠五穀而滋生，害及人體。故道家辟穀兼以導引輕身，以長生不老。（道家謂人體中有三屍神：一者上蟲居腦中，二者中蟲居明堂，三者下蟲居腹胃。）

四　李白，唐時蜀，昌明青蓮鄉人，字太白，號青蓮居士。曾隱居修道並入道籍。性豪爽喜遊歷名山大川。所為詩，俊逸高暢。按李白既精於劍術，必擅於拳術，因拳為百兵之母。李白篤奉道教，常與道士結簷修煉。故其拳應為太極功之太極拳無疑。

五　許宣平所傳太極之功，內容博深精奧。其中之拳，因共三十七勢而名三十七。此拳應練成一勢再練一勢，無分先後。功成之後，自化為相繼不斷，滔滔無間也。故名長拳，總名為太極拳。

六　坐用的工夫。坐者定而不動也。習靜調息，以達無思慮之境。《莊子大宗師》「墮肢體，黜聰明，離形去知，同於大通，此謂坐忘」。用者，功用也。《易系辭》「藏諸用」。坐用的工夫，指靜功而言。許宣平傳拳三十七勢，而宋氏加入四正、四隅、九宮步、七星八步、雙擺蓮五式，通共應為四十二手。古譜《太極功》寫為四十三手，顯為誤數。

七　古導引術「熊經鳥申」、東漢華陀所傳之「五禽戲」等，都是單勢練法。1972—1974年湖南長沙出土馬王堆漢墓裡，有帛畫「導引圖」生動真實地反映了古導引法。由形象看，也是單勢練法。是否另有穿插練法或相連練法，尚待考證。目前正宗傳統之太極拳，至今仍保留了「定勢練習法」。即一勢練成再練一勢，待一一將式用成，自能相連不斷。成為一套綿化之拳，謂之長拳。

八　八字歌、三十七心會論、三十七周身大用論、十六關要論、功用歌等，皆為許宣平所傳。

九　李道子，非本名，道子號也。又考古時對有道飽學之士稱子。對老師亦稱子。故「道子」之稱或係俞家後人尊師之稱。

十　夫子李，譜中記——「李道子不火食，第啖麥麩數合，故又名之曰夫子李。」夫子李，外人所贈之別號也。譜中用「夫」而不用「麩」，尊師之故。

十一　此處為宋遠橋向後人記述李道子由唐至明，與俞家代代往來之經過。以釋質者之疑。宋遠橋之上祖遊江南涇縣俞家時，知俞家的太極拳是唐時李道子所傳。俞家人代代每歲往拜李道子。至宋時尚在。宋遠橋的上祖知俞蓮舟的上祖俞清慧、俞一誠，與李道子遊酢莫逆。越代不知所往。至明時宋遠橋本人與俞蓮舟遊武當山，再遇李道子。始知李先師尚在。並授俞蓮舟用功秘歌一首。

十二　此處所稱「予上祖宋遠橋」。應是清初時，宋氏後人繕譜時，對宋遠橋之稱呼。

十三　李道子傳俞家之太極功，拳名曰先天拳，亦曰長拳。並口授俞蓮舟秘歌一首，此乃「一點心法」之傳也。

十四　五當山即武當山，位於湖北省西北部均縣，又名太和山、參上山，為中國道教之勝地。武當山原名太和山，後人謂此山非真武不足以當之，更名武當山。

十五　張三丰，名通，字君實，元遼陽懿州人。史載先師能辟穀可數月不食，事能前知。明成祖遣特使求之，不遇。英宗賜誥通微顯化真人。譜載張三丰宗師傳拳名為十三式，亦太極拳之別名也，又名曰長拳。

十六　張三丰宗師所傳之十三式名目，自元明起，傳陝西王宗號宗岳(明景帝至孝宗間人)。其後南傳於陳州同；北傳於河南蔣發（清康熙至乾隆間人）。蔣發傳河南溫縣陳家溝陳長興（清乾隆至咸豐間人）。再傳於河北永年縣楊露蟬(清嘉慶至光緒間人）。再傳至今。太極拳十三式名目，如譜所記，歷經七百餘年，其姿勢名目未變。此太極拳斯道之統緒也。

十七　由「太極者無極而生，陰陽之母也」句，至「學者不可不詳辨焉」句。後人稱為《太極拳論》。有人題曰「此為張三丰祖師遺著」。由「一舉動周身具要輕靈」句，至「無令絲毫間斷耳」句。後人稱為《太極拳經》。有人認為是「山右王宗岳遺著」。《十三式行功心法》，《十三勢歌》，《打手歌》諸篇文字，亦有人認為係王宗岳所著。依本譜記載，以上諸篇經論，皆列於張三丰宗師所傳十三式名目之後。並未寫明為誰所著。顯示寫譜人，直認以上諸篇經論，皆傳自張三丰宗師。因至今尚無確證每篇作者為誰也。寫譜人如此記事、非為不當。

十八　程靈洗（514—568）南北朝梁時人。少以勇力聞，梁時以拒侯景亂，授焦州刺史。入陳，官歙州太守。

十九　梁元帝。名蕭繹。公元552—554年。

二十　程珌。字懷古，休寧人。為程靈洗後代傳人。紹興、為宋高宗趙構年號。公元1131—1162年。

二十一　程珌自號洺水遺民，著有《洺水集》，三十卷。譜中誤寫為《落水集》。筆誤也。

《洛水集》，見宋《百家傳存》，第九。

二十二　程珌將太極功之拳名為小九天。譜記仍為韓拱月所傳也。小九天法，於宋版《洛水集》中尚存。後歷經改朝動亂，於明嘉靖丙辰刻本中，惜已失散。

二十三　程珌精於《周》《易》之研究。本譜小九天法式之後有論一段。言用功之要。由「太極者非純功於易經不能得也」句，至「樂在其中矣」。論中有「超以象外，得其寰中」句。《洛水集》序言首句曰「道始於太極」。其解釋「超以象外，得其寰中」句，曰「聽於渺，故能聞未極，視於新，故能見末形，思於睿，故能知未始」又曰「過之則為荒，不及則為陋，非中也……過之則為矯，不及則為汙，亦非中也」。程珌有用功五志、四性歸原歌傳於世。

二十四　程珌於論中曰「非得師一點心法之傳，如何能使我手之舞之樂在其中矣。」又十三勢歌亦曰「入門引路須口授」。此皆告誡後之學者，要重視師承及傳功時，口傳心授之妙。

二十五　胡境子，唐時人，不知姓氏真名。胡境子，自稱之名也。本譜中之于歡子、李道子、玉虛子及胡境子等，皆號也。

二十六　安州，安慶府名。宋置。清屬安徽省。

二十七　姑蘇臺，又名胥臺，春秋時吳建。越絕書「胥門外有九曲路，闔閭造以遊姑蘇之台。」今江蘇省吳縣，其地有姑蘇山名之。

二十八　後天法目十五勢。雖用肘的功夫居多，然亦是十三勢其功用則一也。

二十九　宋氏緒記了歷代各家太極功，及其拳之名目。其所記皆源於其「身臨其境」。並得「良友往來相助」所得。太極拳雖然別名甚多，「惟太極則不能兩說」。此為警醒後人之句也。

三十　東方朔，漢厭次人，字曼倩。長於文辭，喜恢諧滑稽。漢武帝劉徹（公元前140—87年）時，累官侍中。時以滑稽之談，寓諷諫之意，帝嘗為所感悟。後上書陳農戰強國之計，不見用。因著《答客難》以自見。

附（1）吳圖南先師作古譜《**太極功**》補缺表

填補表				
頁	行	字	缺	補
1	8	11、12	2字	穿雲
2	8	18、19	2字	點捶
8	1	21	1字	舟
8	2	21	1字	骨
17	7	24、25	2字	肘靠
18	8	23、24	2字	以端
21	8	17、18、19	3字	陰五掌
23	1	23	1字	於

附（2）《太極功》民國初年手抄本（部分圖片）

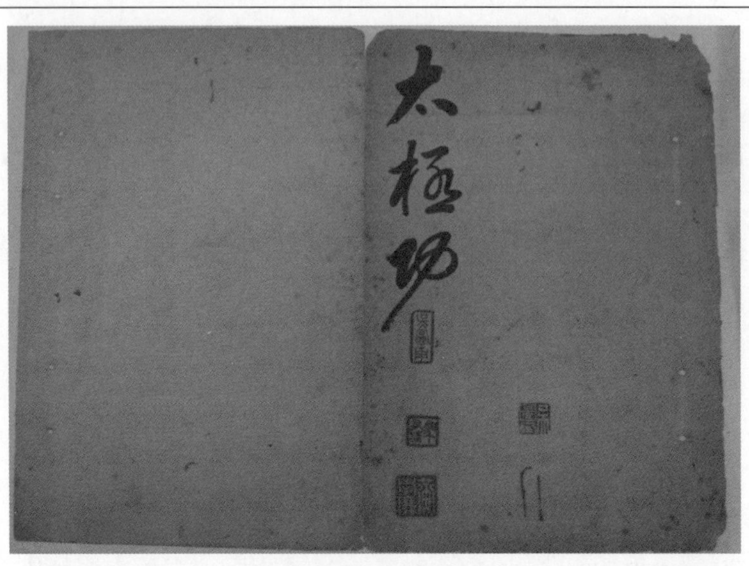

民國初手抄本封面

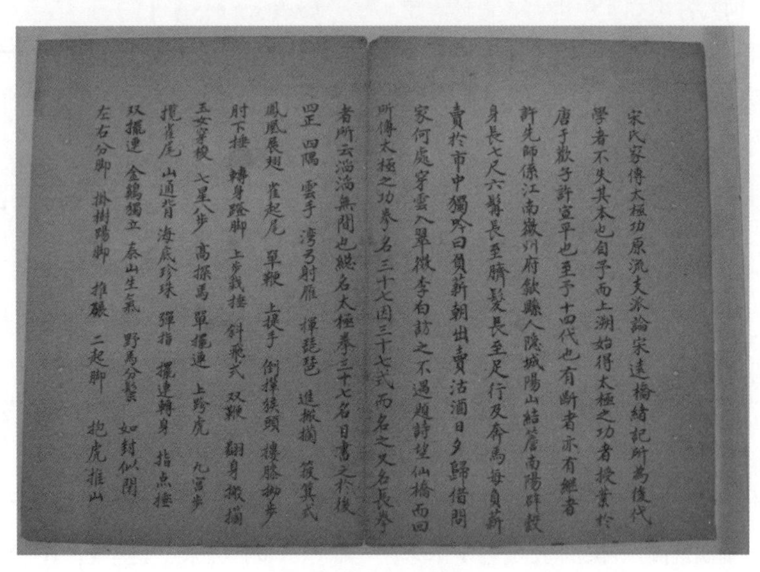

宋氏家傳太極功原流支派論宋遠橋緒記所為後代
學者不失其本也自予而上溯始得太極之功者授業於
唐于歡子許宣平也至予十四代也有斷者亦有繼者
許先師係江南徽州府歙縣人隱城陽山結詹南陽辟穀
身長七尺六髯長至臍髮長至足行及奔馬每負薪
賣於市中獨吟曰負薪朝出賣沽酒日夕歸借問
家何處穿雲入翠微李白訪之不遇題詩望仙橋而回
所傳太極之功拳名三十七因三十七式而名之又名長拳
者所云滔滔無間也總名太極拳三十七名目書之於後
四正 四隅 雲手 湾弓射雁 揮琵琶 進搬攔 簸箕式
鳳凰展翅 雀起尾 單鞭 上提手 倒攆猴頭 摟膝拗步
肘下捶 轉身蹬腳 上步栽捶 斜飛式 双鞭 翻身撇攔
玉女穿梭 七星八步 高探馬 單擺連 上跨虎 九宮步
攬雀尾 山通背 海底珍珠 彈指 擺連轉身 指点捶
双擺連 金雞獨立 泰山生氣 野馬分鬃 如封似閉
左右分腳 掛樹踢腳 推碾 二起腳 抱虎推山

民國初手抄本內頁之一

如詢大用緣何得表裏精粗無不到

十六關要論

活潑於腰　靈機於頂　神通於背　流行於氣

行之於腿　蹬之於足　運之於掌　足之於指

斂之於髓　達之於神　凝之於耳　息之於鼻

呼吸往來於口　縱之於膝　渾噩一身　全體發之於毛

功用歌

輕靈活潑求懂勁陽陰既濟無滯病若得四兩撥千斤開合鼓盪主宰定

俞家江南寧國府涇縣人太極功名曰先天拳亦曰長拳得唐李道子所傳道子係江南安慶人至宋時與游酢莫逆至明時李道子嘗居五當山南岩宮不火食第啖麥麩數合故又名之曰夫子李也見人不及他語惟云大造化三字既云唐人何以知之至明時之夫子李即是李道子先師也緣予上祖遊江南涇縣俞家方知先天拳亦如予之三十七式大極之列名也而又知俞家

民國初手抄本內頁之二

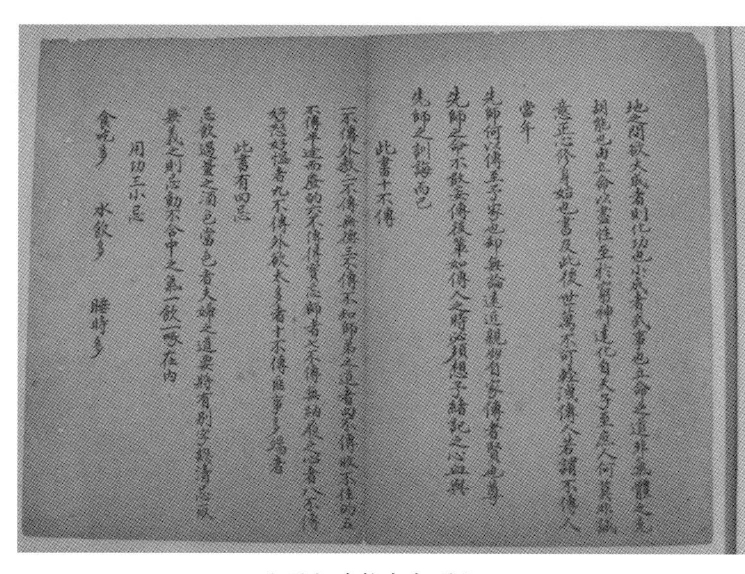

地之間欲大成者則化功也小成者武事也立命之道非氣體之充胡能也由立命以盡性至於窮神達化自天子至庶人何莫非誠意正心修身始也書及此後世萬不可輕洩傳人若謂不傳人

當年

先師何以傳至予家也抑無論遠近親朋自家傳者賢也尊

先師之命不敢妄傳後輩如傳人之時必須想予諦記之心血與

先師之訓誨而已

此書十不傳

一不傳外教二不傳無德三不傳不知師弟之道者四不傳收不住的五不傳半途而廢的六不傳得實忘師者七不傳無納服之心者八不傳好怒好惱者九不傳外欲太多者十不傳匪事多端者

此書有四忌

忌飲過量之酒色當色者夫婦之道要將有別字認清忌喊無義之則忌動不合中之氣一飲一啄在內

用功三小忌

食吃多　水飲多　睡時多

民國初手抄本內頁之三

太極功歷代先師之造詣

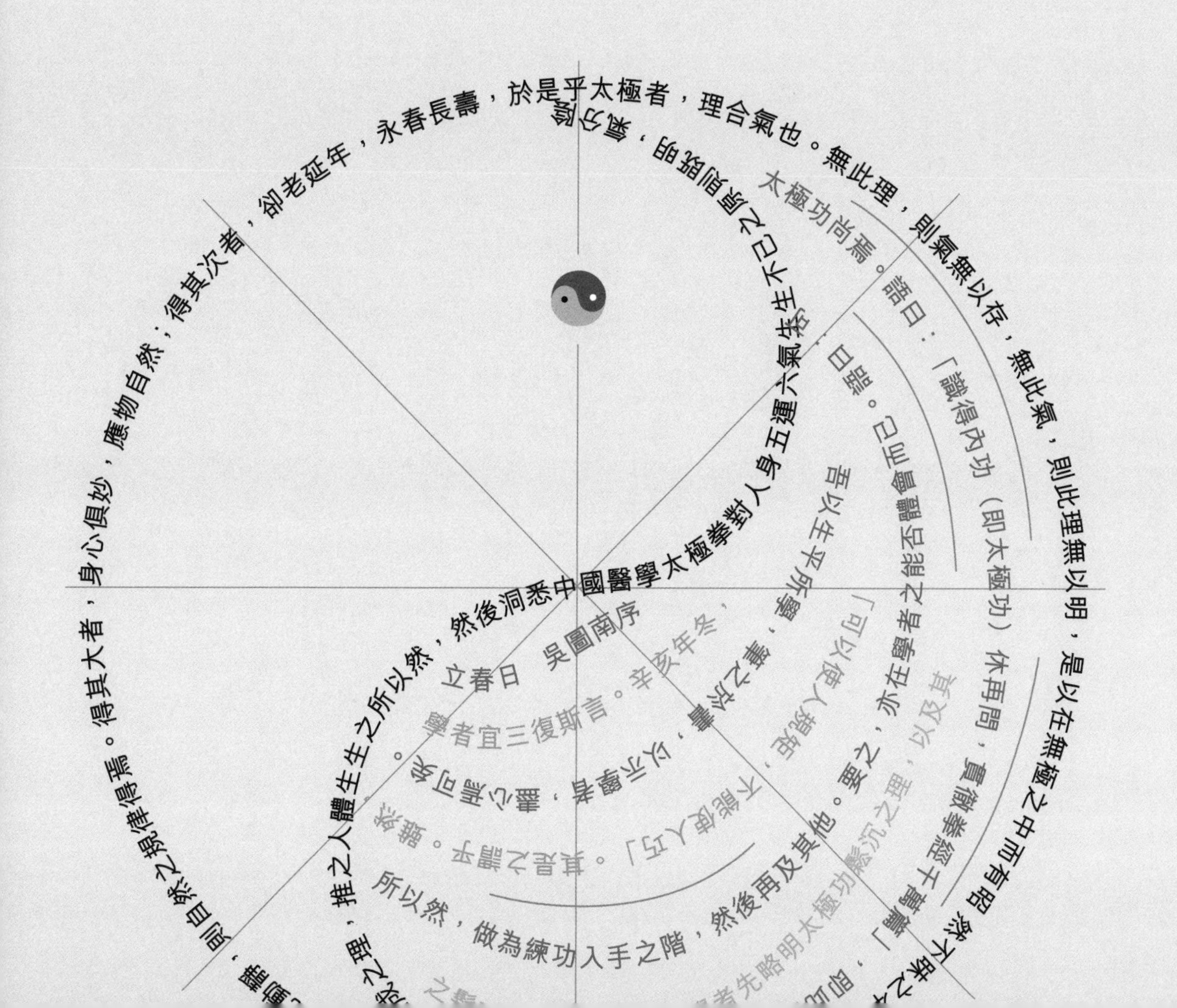

則自然之規律得焉。得其大者，身心俱妙，應物自然；得其次者，卻老延年，永春長壽，於是乎太極者，理合氣也。無此理，則氣無以存，無此氣，則此理無以明，是以在無極之中而有昭然不昧之
推之人體生生之所以然，然後洞悉中國醫學太極拳對人身五運六氣生生不已之原則既明，
太極功尚焉。語曰：「識得內功（即太極功）休再問，貫徹拳經千萬篇」
所以然，做為練功入手之階，然後再及其他。要之，亦在學者之能否體會而已。
吾以生平所學，盡之於書，以示學者，盡心焉可也。
學者宜三復斯言。辛亥年冬，
立春日　吳圖南序

太極功歷代先師之造詣

遠古世傳太極功，法理深邃，內容精奧，惟其拳曰太極拳。有文字記載之千餘年來代代承傳，歷代大成先師迭出，對太極功之演進，豐富和發展，貢獻宏偉。然對歷代先師之造詣程度，從未見有人論述。故對歷代先師之造詣之探討，或參照史料進行剖析，了解其進退興廢之道，明其哲理，窺其奧妙，乃對太極功今後之承傳與發展，是非常重要的。

根據中國文獻可據參考的，遠古世傳太極功斷自南北朝梁時的程靈洗先師。程靈洗字元滌，江南徽州府休寧人。程氏家族多為武職，忠義英武，代有顯人。為休寧著姓。靈洗曾祖名自誠，祖名會古，父名程茂，南齊休寧人，永元中為郢州長史。程靈洗之太極拳功，傳自韓拱月先師。韓拱月之歷史已難查證，誠一憾事。侯景之亂，靈洗率兵拒侯景，惟歙縣得以保全，蓋因靈洗用太極拳功，即搏刺之術訓練士卒，此太極拳功用之征戰之始也。梁武帝授靈洗譙州刺史，梁元帝授以本郡太守，卒謚忠壯。靈洗性嚴正，號令分明，與士卒同甘苦共進退，眾以此德之。程靈洗所傳之太極拳功，名「小九天」，共十五勢。其中提手、單鞭、穿梭，大小襠捶、攬雀尾諸式與太極拳十三式名稱相同，其餘略異耳。此拳功其後五百餘年傳至程珌。程靈洗所著《觀經悟會法》中說：「太極拳非純功於《易經》不能得。以《易經》一書，必須朝夕悟在心內，會在身中，超以象外，得其環中，有人所不知而己獨知之妙。」又說：「多學多思，明其真偽，定其取捨，法天行健，生生不已，自能知己知人，知己性，知人性，知物性知天地之性。」其說對於太極拳功之體用，已昭然若揭。

程靈洗之後武將輩出，有程富者，休寧人，以勇力聞。隋末起鄉兵據古城巖，眾推郡人汪華為帥，據歙、宣、杭等六州，稱吳王，富出力居多。唐高祖既立，華奉六州歸唐，鄉人免於兵革。唐封華為越國公，以富為司馬，休寧縣候。鄉人感二人恩，立廟祀之。程澐，唐休寧人，靈洗十四世孫，黃巢之亂，眾推為將，擊賊有功，任歙州同知兵馬使。其弟湘、淘皆有軍功，歷顯仕。

程珌，宋高宗時休寧人，都使澐之十五世孫，靈洗之後人也。甫十歲時，有《詠冰》詩曰：「莫言此物渾無用，曾向滹沱渡漢兵」，識者頗奇之。紹熙四年中進士，授昌化主簿，屢官吏部尚書，拜翰林學士。珌立朝剛正，風采凜然，以端明殿學士致仕，進封新安郡侯，卒於仕。珌家居時，常平糴以濟人，凡有利於民眾者，必盡力焉。程珌字懷古，以先世居洺水（河北洺州），因自號洺水遺民，著有《洺水集》。其太極拳功，亦為「小九天」。其功用之要仍在於超以象外，得其環中，人不知我，我獨知人。蓋因其拳功源自韓拱月、程靈洗也。至於其要訣則有：用功五志、四性歸原歌等。

程珌之《洺水集》，有宋刻本及元刻本（至正廿八年版）。元本尚存六十卷，至明（嘉靖丙辰刻本）僅餘廿六卷，其餘盡毀於災亂之中。「小九天」等盡在遺失之本卷中。今如得宋版之《洺水集》，仍可查見也。

程珌（端明公）之《洺水集》序曰：「道始於太極，堯以是傳之舜，舜以是傳之禹，禹以是傳之湯，湯以是傳之文武洙泗聖人，群三千之士，講益明，說益備，由是而後，學者不過服而習之，安而行之而已。而近世學者乃輒不然，思入妄境，行入舛途，不流於老莊之苦空，則歸於篇章之吟詠，紛紛籍籍，淆亂日甚。今珌是集，猶有不能盡去者，亦或有補於世教之萬一，觀者共審之。洺水遺民自序」。程珌又曰：「過之則為荒，不及則為陋，非中也。」「過之則為矯，不及則為汙，亦非中也」。「至若陰陽之本，動靜之萌，一動一靜，互為其本，曷不於日用之間而觀之。人必定也，然後能應，非動生於靜乎？至於過者日化，神者固存，非靜出於動乎？夫如是，則動與靜一，物與我一，而又烏用乎勝之邪？故曰聽於眇，故能聞未極，視於新，故能見未形，思於睿，故能知未始」。

許宣平，唐江南徽州府歙縣人。隱城陽山，結簷南陽，辟穀。身長七尺六寸，髯長至臍，髮長至足，行及奔馬。每負薪賣於市中，獨吟曰：「負薪朝出賣，沽酒日夕歸，借問家何處，穿雲入翠微」。李白訪之不遇，題詩望仙橋而回。許先師精於養生術及太極拳功，又是詩人，嘗題詩於傳舍（客店），李白讚之曰：「此仙詩也」。許宣平題傳舍詩曰：「隱居三十載，築室南山巔，靜夜玩明月，間朝飲碧泉，樵人歌隴上，谷鳥戲巖前，樂矣不知老，都忘甲子年」。李白題許宣平庵舍壁詩曰：「我吟傳舍詩，來訪真人居，煙岑迷高跡，雲林隔太虛，窺庭但蕭索，倚柱空躊躇，應化遼天鶴，歸當千歲餘」。

許宣平所傳之太極拳功，名三十七，因有三十七勢而名之也。又名長拳，因其綿綿不斷，滔滔無間也。其拳式名目與今之太極拳功，大同小異。惟許先師囑其練法，應一勢練成之後再練一勢，萬不可心急齊用。無論何勢先何勢後，只要一一將勢用成，自然化為相繼不斷也。其傳之經典心法有：八字歌、三十七心會論、三十七周身大用論，十六關要論、功用歌等。許宣平之拳功，數百年後，傳之於明之宋遠橋。

李道子（疑非真名，道子，道家師長之尊稱），唐江南安慶人。所傳之太極拳功，名曰先天拳，亦名長拳。相傳李道子生經數代，壽高數百，自唐至明尚在人間。明時李先師嘗遊武當山南巖宮，不火食，第啖麥麩數合，人又稱夫子李。見人不及他語，惟云大造化三字。其拳法自宋時傳於江南寧國府之俞清慧、俞一誠。明宋遠橋之上祖，嘗過寧國府俞家，知先天拳亦如宋家所練許宣平傳之三十七勢，內容相同，惟名稱有別。先天拳亦太極拳功之別名也。

俞家之拳功，為唐李道子所授，代代相傳，每歲必往拜李道子廬。至宋時尚在，金元之際，不知所往。明時宋遠橋、俞蓮舟、俞岱巖、張松溪、張翠山、殷利亨、莫谷聲等，久相往來金陵之境。宋遠橋、俞蓮舟等往遊武當山，遇夫子李，厚髮垢面，歷述俞蓮舟上祖之名，且曰：「吾在此幾十韶光，未及一語，今見汝，誠哉大造化也。」因授蓮舟秘歌曰：「無形無象，全身透空，應物自然，西山懸磬，虎吼猿鳴，水清河靜，翻江倒海，盡性立命」。至是蓮舟等，不但無敵，遂得全體大用焉。此歌七人皆知其句，後同往武當山，再訪夫子李不遇，道經玉虛宮，見玉虛子張三丰，張先師乃張松溪、張翠山之師，後七人皆師事之。李道子所傳秘旨，其鍛煉之要在盡性立命，而進功之階，始於無形無象，繼之全身透空，終於應物自然。名為先天，並非虛語。秘歌區區三十二字，含義之奧，非有夙慧又精於太極拳功之道者，不足以言此也。

胡境子，其姓氏鄉里已不可考，境子乃胡在揚州自稱之名，宋仲殊授業焉。宋仲殊，安州人。所傳之太極拳功名「後天法」，共十五式，亦取掤攦擠按採挒肘靠十三式之理法。「後天法」用肘之法居多，勢法名目雖有不同，然其功用則一。仲殊嘗遊姑蘇台，柱上倒書一絕云：「天長地久任悠悠，你既無心我亦休，浪跡天涯人不管，春風吹笛酒家樓」。足可見其風概矣。

張三丰，名通，字君實，先世為江西龍虎山人。祖父裕賢公，攜眷徙遼陽懿州。有子名居仁，亦名昌，字子安，號白山，即先師父也。先師母林太夫人，誕先師，時農曆四月初九子時也。先師風姿奇異，龜形鶴骨，大耳圓睛。十二歲始專習儒業，然過目便曉，且能會通大意。中統元年舉茂才異等，二年稱文學才識，列名上聞，以備擢用，然非其素志也。

元，甲子秋遊燕京。時方定鼎於燕，詔令舊列文學才識者待用。始與平章政事廉公希憲識，公異其才，奏補中山博陵令，遂之官。政暇遊葛洪山，相傳為稚川修煉處，因念「一官蕭散，頗同勾漏」，嘆不能似稚川。越明年而丁艱，又數月而報憂矣。先師遂絕仕進意，奉諱歸遼陽，終日哀毀，覓山之高潔者，營厝。制居數載，乃束裝出遊，田產悉付族人，囑代掃墓。挈二行童清風、明月相隨。北抵燕趙，東至齊魯，南達韓魏，往來名山古刹，吟詠閑觀且行且住，如是者幾三十年，均無所遇。乃西之秦隴，挹大華之氣，納太白之奇，走褒斜，度陳倉，見寶雞山澤，幽邃而清，乃就居焉。中有三尖山，三峰挺秀，蒼潤可喜，因自號三丰居士云。

廷佑元年，年六十七，始入終南，得遇火龍真人，傳以大道，更名玄素，一名玄化，合號玄玄子，別號昆陽，山居四載，功效寂然。火龍真人，俗名賈得升，陳摶、陳希夷弟子也。

泰定甲子春，南至武當，調神九載，而道始成。於是湘雲巴雨之間，隱顯遨遊，又十餘歲，乃於至正初，由楚返遼陽省墓，訖，復之燕市，公卿故交，死亡已盡矣。遂之西山，復至秦蜀，由荊楚之吳越，僑寓金陵。至正十九年，仍還秦，居寶雞金台觀，又二年元紀終，明運啟，先師乃結庵於太和，故為瘋漢，人目為邋塌道人。

洪武十七年甲子，太祖以華夷賓服，詔求先師，不赴。二十五年乃遁入雲南。建文元年，完璞子訪先師於武當，適從平越歸來，相得甚歡。永樂四年，侍讀學士胡廣奏言，先師深通道法，拳技絕倫。五年，丁亥，命胡濙等遍遊天下訪之。十年，壬辰，又命孫碧雲於武當建宮拜候，並致書相請，終不可得。天順三年，英宗賜誥，贈為通微顯化真人，終莫測其存亡。清道光年間所修之《太原縣誌•人物類載》:「張真人，名君實，號三丰，遼東義州人。狀貌魁偉，行步如飛。太祖及成祖求之皆不得。後遊太原之南峪山，嘗絕煙火，累月不爨。或分身助人力作，數著靈異。忽為病丐狀，來乞村民施缸。云死即瘞南峪山上。尋果死。如言瘞之。後村人又遇於西安諸處。查此記載，或出於舊誌，或得之傳聞。如是先師遊山西，當在明嘉靖後，清道光前也。僅以此則補闕，張三丰所傳之拳名十三勢，又名長拳，即今日之太極拳也。三丰乃得道之士，以常春為修煉主旨，武技乃餘事耳，故不以武顯於世。今言內家拳，以三丰為祖者，其說有三。一曰：「內家拳起於宋之張三丰，三丰為武當丹士，徽宗召之，夜夢玄帝授之拳法，厥明以單丁殺賊百餘。三丰之術，百年之後流傳於陝西，以王宗為最著。溫州陳州同，從王宗授之，以此教其鄉人，由是流傳於溫州，嘉靖間，以張松溪為最著。一曰：「三丰為宋徽宗時人，值金人入寇，彼一人殺金兵五百餘，山陝人民慕其勇，從學者甚多。因傳其技於陝西。元世祖時，西安人王宗岳，得其真傳，是為北派，傳河南蔣發，蔣發傳河南陳長興」。一曰：「張三丰既精於少林，復從而翻之，是名內家，得其一二，已足勝少林」。以上諸說皆始於清初，考明史所記張三丰傳，亦缺武技之記也。

三丰之學，見於所著《太極拳論》。據考證該論為其弟子王宗岳所著。文章之末註云：「此係武當山張三丰遺論，欲天下豪傑延年益壽，不徒作技藝之末也。」顯為後人所加。考另一篇宏論：「一舉動周身俱要輕靈，尤須貫串……」，「……周身節節貫串，無令絲毫間斷耳」。僅一百九十四字，似三丰先師之遺論，但不似完整之篇章，疑為段落之文。文章之首尾，應另有論述。然遍閱三丰之著作，仍無從查證。該論，至中至正，詞簡意賅。對學者提出用功箴言，在於輕靈、鼓盪、貫串、活潑。自首至足應完整一氣，進退顧盼宜得機得勢。內以意尚，外以導形。意上寓下，意左寓右，意前寓後。深藏呼應提放之理。至於一處自有一虛實，處處總此一虛實，誠開千古不傳之秘。先師言太極拳之妙用，在於延年益壽，使身心俱化。不獨得力於技擊，對養生長壽裨益大焉。故三丰先師，其道獨高，名重於後代，為萬世之師表也。

明景泰時，有名王宗者，陝西西安人。王宗因所居面對華山，故號宗岳。王宗岳為張三丰之後得太極拳功之真傳者，名聞宇內。所傳之拳亦名十三勢，又名長拳，三丰先師之授也。宗岳乃經緯之才，不僅拳功精湛，而且文學甚好，其所著如：太極拳論、十三勢行功心解，十三勢歌等，至今仍為中外習太極拳者的經典理法。王宗岳所持之論，多側重實際功夫，對於三丰先師之主張演繹頗詳。王先師其對太極拳功研究之深刻、領悟之透徹、理解之正確，誠所謂前繼古人，後開來者，王宗岳之後南傳至溫州陳州同；北傳至河南蔣發。

三丰先師之術，百年以後，流傳於陝西，而王宗岳為最著。溫州陳州同從王宗岳授之，以此教其鄉人，由是流傳於溫州。嘉靖間其法傳至四明，以張松溪為最著。張松溪，鄞人，善搏。師孫十三老，其法自言起於宋之張三丰。松溪為人，恂恂如儒者，遇人恭敬，身若不勝衣，人求其術，輒遜謝避去。時少林僧以拳勇名天下，有僧七十輩，聞松溪名，至鄞求見，松溪蔽匿不出。僧必欲一試，遂較技於酒樓上，召里正約，死無所問。松溪許之，袖手坐，一僧跳躍來蹴，松溪稍側身舉手送之，其僧如飛丸隕空，墮樓下幾斃，眾僧始駭服。又曾使諸人舉圓石可數百斤累之，松溪時年七十餘，舉右手側劈之，三石皆分為兩，其奇異如此。松溪之徒三四人，葉近泉為之最。得近泉之傳者吳崐山、周雲泉、單思南、陳貞石、孫繼槎皆各有授受。崐山傳李天目、徐岱。天目傳余波仲、陳茂宏、吳七郎。雲泉傳盧紹岐。貞石傳夏枝溪、董扶輿。繼槎傳柴玄明、姚石門、僧耳、僧尾。而思南之傳則有王征南。

王征南，名來咸，為人尚義，行儀修謹，不以所長炫人。其所授之拳功為單思南之傳。思南從征關外，歸老於家，以其術教授，然精微所在，亦深自秘惜。思南子不肖，征南奉資安之，思南感其義，始盡以不傳者傳之。蓋拳勇之術有二，一為外家，則以少林為盛其法主於搏人，而跳踉奮躍，或失之疏，故往往為人所乘。一為內家，傳為三丰之術，其法主於禦敵，非遇危困則不發，發則所當必靡，無隙可乘。王征南傳黃百家，百家將征南之術，筆之於書，以廣其傳。其術有練手法三十五種、練步法十八種、練打法若干種、打穴法若干種。黃百家論拳法說：「而其要則在乎練，練即熟，不用顧盼擬合，信手而應，縱橫前後，悉逢肯綮」。實為至理之言也。百家之後，始傳至甘鳳池，鳳池之後，不詳其所傳也。

蔣發，清康熙時人，原籍河南，於陝西西安業豆腐坊，為人至孝，其太極拳功造詣精深，乃王宗岳所傳也。蔣發因事偶然路經河南懷慶府陳家溝，見陳長興練家傳砲捶用力生硬，失聲而笑。陳怒追蔣，且從身後擊之。蔣發回身之一刹那擊陳長興於尋丈之外。陳因而拜蔣發為師，延聘至其家，棄砲捶而習太極拳。陳家溝陳氏家族，自明時即世傳練砲捶，有「砲捶陳」之稱。陳長興因立身中正，行止端重，人稱牌位先生。蔣發在陳家溝傳拳時，有杜姓村人亦學練太極拳。其後代有杜育萬者，所練之拳與陳長興傳楊露蟬、李伯魁之套路名稱完全相同。杜育萬藏有蔣發傳授之歌訣曰：

一、筋骨要鬆，皮毛要攻，節節貫串，虛靈在中。

二、舉步輕靈神內斂（原註：舉步周身要輕靈，尤須貫串，氣宜鼓盪，神宜內斂），莫教斷續一氣研（原註：勿使有凸凹處，勿使有斷續處，其根在腳，發於腿，主宰於腰，形於手指，由腳而腿而腰，總須完整一氣，向前退後乃得機得勢，有不得機得勢處，其病必於腰腿求之），左宜右有虛實處（原註：虛實宜分清楚，一處自有一虛實，處處總此一虛實，上下前後左右皆然），意上寓下後天還（原註：凡此皆是意不在外面，有左即有右，如意要向上，即寓下意，若將物掀起而加以挫之之力，則其根自斷，必其壞之速而無疑，總之周身節節貫串，勿令絲毫間斷耳）。

上述蔣發傳授之歌訣，連同四註解，顯係由王宗岳論述中脫胎而來。陳長興除向蔣發學練太極拳功之外，理論上的東西沒有得到，上述歌訣乃由杜育萬家族傳出的。

楊露蟬，名福魁，清直隸廣平府永年縣城內南關人。幼習外功，尤精於二郎拳。聞陳長興工太極拳，與同里李伯魁共往師焉。因太極拳貴以柔緩輕靈，楊李二人久於外功，失之偏剛，陳長興遂授以太極拳推手之法，二人往來推盪，互相擲擊，晝夜用功不稍懈。陳見楊之勤學，又感其誠，遂盡傳其秘。楊學之十餘載，技成而歸，傳其術於鄉里。故河北廣平一帶稱之為軟拳、綿拳、亦名化拳。露蟬聰慧過人，於太極拳原理之運用，多有所發明。因武藝高強，天下無雙，人稱「楊無敵」。時清室之親貴王公貝勒，多廣網江湖異能之士，露蟬以武技冠燕都，任神機營總教習，從之遊者有端王（載漪）、多羅淳郡王（載治）等八王，故又稱楊為八侯。楊露蟬教諸王公貝勒習太極拳，不能過於剛猛，只可授以輕柔緩和健體養生之拳，故有行功慢架之傳。而楊傳其子孫者，乃禦敵搏擊之術，即今之太極拳功中之快拳（用架）也。露蟬有子三人，長名錡，早亡。次名鈺，字班侯。三名鑑，字鏡湖，皆獲盛名，惟三人中，班侯獨得其全。

楊鈺，字班侯，人稱二先生。幼隨父習太極拳功，孜孜苦練，不間寒暑。然其父仍不使少息，且備受鞭撻，幾至自經逃亡。班侯隨父進京教拳，拳技絕倫。因性剛強，善用散手，喜發人，往往出手見紅。其功技備臻上乘。楊鑑，字健侯，號鏡湖，人呼為三先生。幼年與班侯皆從學於父，朝夕苦練，身心疲憊，苦不勝任，卒成大名。先生性溫和，從習者眾。有子三，長名兆熊、次名兆元、三名兆清。

兆熊，字夢祥，晚字少侯。家學淵博，七歲即從祖父露蟬、二伯父班侯習太極拳功。幼時曾過繼班侯為子。性剛強亦喜發人，善用散手，有乃伯遺風，功屬上乘。其拳架小而輕靈，動作快而沉着，處處求緊湊，其拳即露蟬傳子孫之搏擊快架也。少侯功夫，尚輕靈奇巧，尤擅長凌空勁。因好出手即攻，學者多不能受，從學者甚少。其傳人有：吳圖南，又名烏拉布、東潤芳、馬潤之(巴潤之)、尤志學、田肇麟、劉希哲。兆熊弟兆清，字澄甫，少於兆熊十九歲。幼時不喜練拳。父逝後，始發奮研習，終享盛譽。

楊露蟬於端王府曾教過三位護衛，一名凌山（蒙族）、一名全佑（滿族）、一名萬春(原名朱萬春，漢族)。凌山偏剛、全佑善柔、萬春喜發人。後人評曰：「三人各得露蟬之一體，有筋、骨、皮之分。」

全佑，後冠姓吳，有子一人名愛紳，字鑑泉。得太極拳之真傳，名聞海內。鑑泉為人，寡言語，性和藹，待人接物，皆出於至誠。以故文雅之士，多從之遊。全佑弟子中有王茂齋者，山東人，擅長八卦掌，中年後從全佑習太極拳，造詣甚高。

宋書銘者，袁世凱的一位幕僚。精研易理，善太極拳，為明宋遠橋之十七世孫。其拳式名「三世七」，以共三十七勢而得名，又名長拳。其與太極拳十三勢名目大同小異。然趨重單式練習。當時武術界名師紀子修、吳鑑泉、許禹生、劉恩綬、劉彩臣、姜殿臣等，聞宋氏名，相與訪謁，與宋推手，皆隨其所指而跌，奔騰其腕下，莫能自持。宋氏一舉手則擲人於尋丈之外。於是紀、吳、許、劉等諸師，皆叩首稱弟子，從學於宋。時吳圖南先師於清光緒末年從友人張君熙銘處得《太極功》譜一幀，係明宋遠橋所緒記，對太極功源流法理記載甚詳，據考證乃清初之手抄珍本。其後知宋書銘藏有宋氏家傳譜，遂往請益並攜自己之譜與宋氏譜逐句逐字核對。除標題略異外，所有內容完全相同。民國初吳先師之譜曾抄寫數本，分贈許禹生、吳鑑泉、楊少侯、劉彩臣、劉恩綬、紀子修各一本，即流傳於世之傳抄本。宋書銘在清季為詞林巨子，所著內功原道明理諸篇。已播於世。惜其晚年，因瘁家居、抱道自娛。積稿盈屋，出重金求之不售，眾人敦請其出，皆婉拒。宋氏之技，惜無家族後人繼承，旋居保定作古。其手藏之物，不知流落何所，徒令人嚮往焉。

太極泰斗吳圖南，名榮培，內蒙古喀喇沁左旗蒙族人。吳先師幼年多病，先師之父以其不能長大為憂。九歲從吳鑑泉習太極拳八年，身健氣全。又從楊少侯習太極拳功四年，苦練十二載，克競全功。吳先師出身蒙族，擅摔跤，曾與武林異士學練輕功，嘗涉獵各家武術，曾拜通臂拳名家張策（字秀林）為師，習通臂拳及轉環刀法。故先師武學廣博精深，無出其右者。吳先師為著名之教育家，曾任上海中法國立工學院、南京國體專科學校、西北聯大、北平藝專教授、教務長等職。吳先師為著名考古學家，曾任故宮博物院專門委員、北京市文物調研組及首都博物館保管組長等職。吳先師一生酷愛武術，業餘從事武術調查研究。民國六年春，調查三江國術派別，訪問河南溫縣陳家溝，調查證實太極拳非明末清初武庠生陳王廷所編造。民國十八年後因調查全國古陶瓷窰址，兼調訪張三丰先師之事跡。足跡所到之處，遍訪民間傳說及搜集文字記載。

吳先師一生提倡武術科學化、實用化、大眾化，主張以武術太極拳功健體養生、強族強種；以其技擊應用衛身衛國。吳先師行功，無論慢架或快拳，氣勢磅礴。虛實變化，輕靈奇巧，勁氣流暢，形神皆化。其推手與散手，脆快、凌厲，以粘黏勁、彈抖勁、鼓盪勁、淩空勁著稱。吳先師桃李滿天下，生前入室弟子僅馬有清一人耳。蓋因吳先師承傳之太極功法與楊少侯之用架快拳，從未輕易示人。因遵古訓必須擇人而傳，非有夙慧之人不可傳也。遠古世傳太極功，其理法奧秘深邃。如無脱胎換骨之毅力、萬夫不擋之勇氣、百折不撓之精神，則無研習太極功之基礎條件。若無大造化之緣分，終不能得其大成也。故吳先師一直秘而未傳，非不傳也。其後吳先師受友好及首長之敦請，於眾生中選馬有清為徒。秘傳太極功用架快拳。故自馬有清起，始將太極功及用架快拳絕學公諸於世。於門內擇人而授。

吳先師著述甚豐，著有：《國術概論》、《科學化的國術太極拳》、《太極劍》、《內家拳太極功玄玄刀》、《弓矢概論》等。

吳先師壽高一百零五歲。仙逝後，骨灰安葬於北京西郊萬安公墓。

後記

文化大革命期間，中國內陸武術界的處境和遭遇是十分慘痛的。傳統武術被扣上封、資、修的帽子，愛國守法的老武術家們被視為社會的渣滓。而武術界的極左份子，則打着「反封建」、「反迷信」的旗號，掀起打倒「內家拳的張三丰」、「外家拳的達摩」、「橫掃一切牛鬼蛇神」的革命運動。一時間，烏雲驟起，老武術家們被揪鬥、抄家、下放農村勞改，甚至被迫害致死。

太極拳的「張三丰」被打倒了，一些左派們趁革命的東風，推出了所謂的「明末清初的武庠生」，由於「老來殘喘，編造太極拳」的故事。隨即大造聲勢，樹碑立傳，認為他們的太極拳才是「不封建迷信的」，理所當然的是各家太極拳的「祖師爺」。以「武術歷史考據研究家」為首的極左派，則大肆攻擊《宋譜——太極功》。說甚麼「宋譜的文詞風格不似古人寫的」、「手抄拳譜不足為信」，臆斷《宋譜——太極功》是「清末封建文人的假託」、「是楊氏太極拳傳人許禹生編造的」。左派的一些人，不僅沒有見到過許禹生的手抄譜，更不知道許禹生的手抄譜是來源於吳圖南先師的清初古本。這些人不顧歷史的事實真相，顛倒黑白，其目的只不過是為自己塗脂抹粉，去扮演「祖師爺」的角色，從而企圖一統太極拳的「天下」，稱霸武壇。假的就是假的，要正本清源，還太極拳歷史的真面目。

吳圖南先師在文革時，冒着生命危險，保存了《宋譜——太極功》的清初古本和民國初期的傳抄本。時至今日始有幸公諸於世，使太極拳的史實大白於天下。

許禹生先生的弟子王新午編著的《太極拳法實踐》一書中，曾詳細記述了《宋譜——太極功》和宋書銘事跡的本末。現摘錄該書中的一段文章，以證其實：

「……言太極拳為張三丰所傳者，惟楊氏舊譜太極拳論後附記云：此係武當山張三丰老師遺著，欲天下豪傑延年益壽，不徒作技藝之末也。然則張三丰傳太極拳之說，僅見於楊氏譜之附記，而楊氏之附記，必別有所據矣。近人致疑於此，考據成秩，迄無究竟，皆未論及宋氏太極功之譜，蓋未見之，無怪其然也。余於宋譜之記載，而信證其不誤。以宋譜所記，非為張三丰之太極十三式，乃敘其所學之三世七，而旁及他派耳。楊氏附記云云，或聞此耶。詰者曰：宋氏譜一手抄本耳，何足為據。曰：各家拳譜，皆手抄本，往昔印行者甚少，且有禁令，如言不足據，則皆不足據耳，豈獨宋譜耶？且治考據學者，以博為其道也，如以印者為真，抄者為假，斯妄人矣。余見宋譜，已逾二十年，而許氏《太極拳勢圖解》之編著，在民國八年，亦已根據宋譜列論，宋書銘氏之名，著稱燕京，於時已十餘載，吳鑑泉諸先輩，胥入其門稱弟子，彰彰之跡，豈容假借。第宋氏沒而其道無傳，後學不知，故致疑張三丰所傳之說為無據耳。因並妄斷三世七等拳法為虛偽，是不惟未見宋氏拳譜，且不知有宋書銘其人與事跡也，考據云乎哉，由此證知張三丰創傳拳法為不妄。在私家記載，則有太極十三式，志傳所稱，則有內家拳。蓋其所能之拳法甚多，而傳世者，人僅知此二種。今則內家拳法已失其真，惟太極十三式尚流傳於世，有幸有不幸也。」

摘自王新午編著　《太極拳法實踐》
上編 45 頁

商務印書館出版

太極泰斗 吳圖南著　馬有清 編

【太極拳之研究】系列

1. 《太極拳概論》
ISBN 978 962 07 5024 3

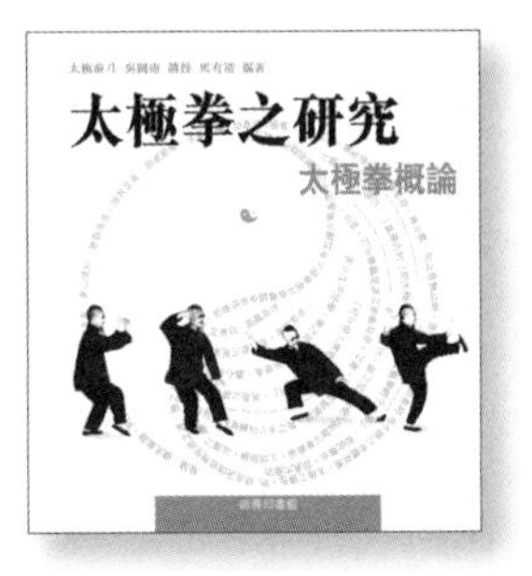

2. 《吳圖南太極功》
ISBN 978 962 07 3163 1

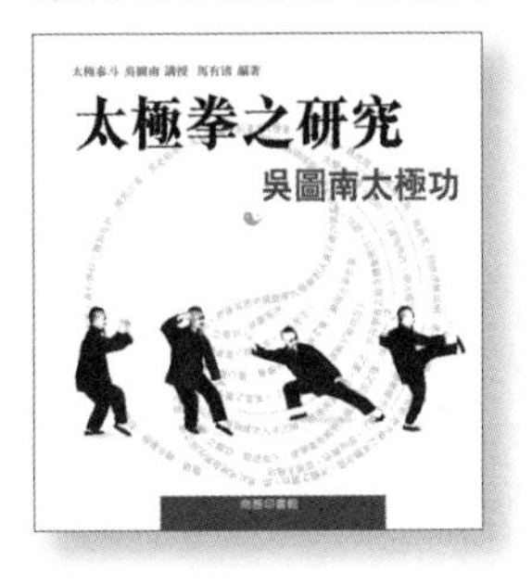

3. 《吳圖南嫡傳打手要法》
ISBN 978 962 07 3164 8

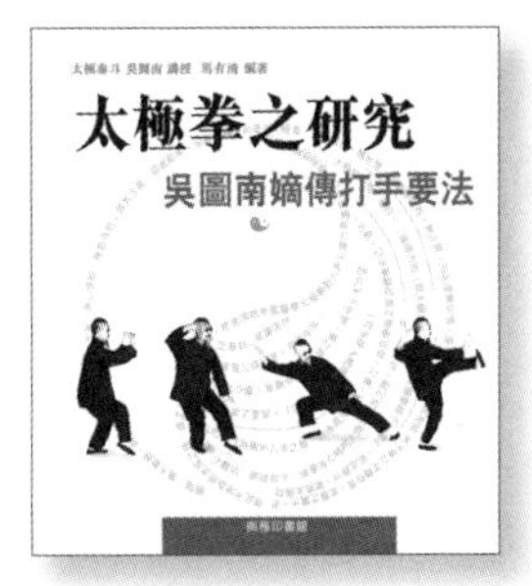

4. 《太極拳用架（快拳）詳解》
ISBN 978 962 07 3172 3

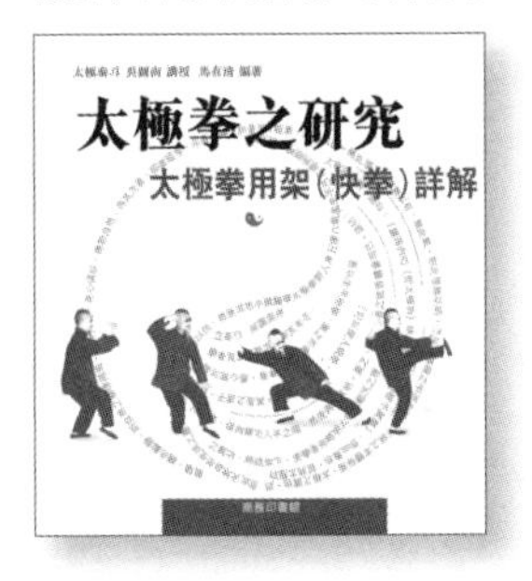

5. 《行功（慢架）、打手法》
ISBN 978 962 07 3173 0

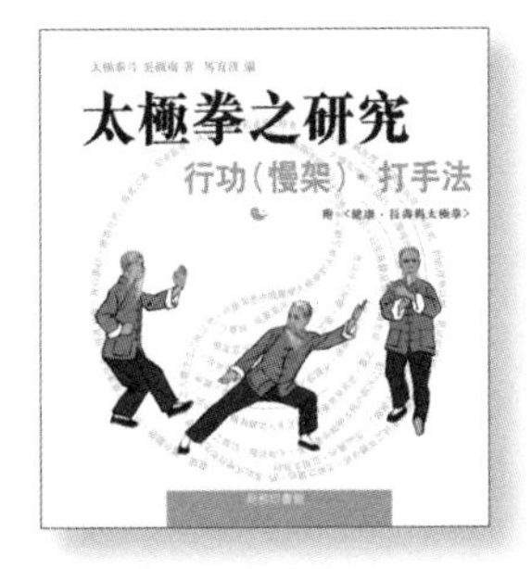

6. 《太極功玄玄刀》
ISBN 978 962 07 3176 1

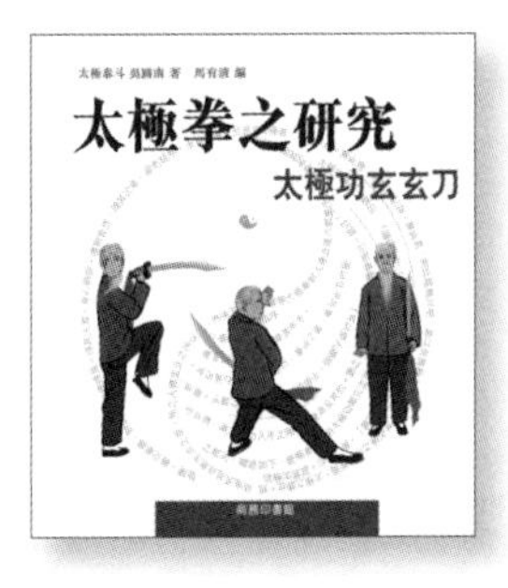

7. 《太極劍》
ISBN 978 962 07 3392 5

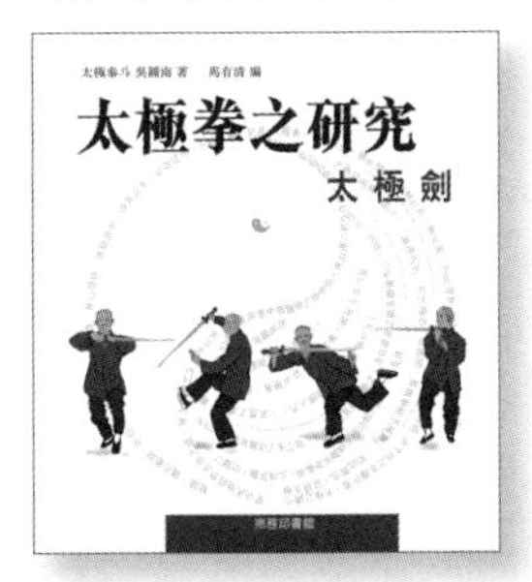